Sinha · Wie finde ich mich als Lehrer?

Charlotte Sinha

Wie finde ich mich als Lehrer?

Rolle und Wirkung im Schulalltag gestalten

Beltz Verlag · Weinheim und Basel

Charlotte Sinha ist Gymnasiallehrerin mit den Fächern Deutsch und Englisch. Sie ist in der Lehrerfortbildung tätig und Fachberaterin für das Fach Deutsch mit dem Schwerpunkt Leseförderung im Staatlichen Schulamt in Bebra.

Lektorat: Cornelia Matz

www.beltz.de
Herstellung: Lore Amann
Satz: Druckhaus »Thomas Müntzer«, Bad Langensalza
Druck: Druck Partner Rübelmann, Hemsbach
Umschlaggestaltung: glas ag, Seeheim-Jugenheim
Umschlagabbildung: Fotolia, Berlin
Printed in Germany

ISBN 978-3-407-62672-1

Inhaltsverzeichnis

Vorbemerkung

Fachliteratur für angehende Pädagoginnen und Pädagogen ist für gewöhnlich genau das: Theorie in entsprechender Terminologie mit geringen Praxisanteilen. Für die Leserin oder den Leser bedeutet dies zunächst, ein kognitives Verständnis von Sachverhalten zu erwerben, die (noch) nicht geläufig sind, und diese dann auf Handlungsfelder zu übertragen, die ebenfalls noch nicht geläufig sind.

Erschwerend kommt hinzu, dass der Anteil an Psychologie und Pädagogik für Lehramtsstudiengänge nicht hoch oder nicht praxisorientiert genug ist und dass eine Reflexion der Rolle in der modularisierten Ausbildung keinen Raum mehr hat. Das fördert eine verkürzte Sichtweise, die zwangsläufig von der eigenen Biografie geprägt ist und aus der möglicherweise gefolgert wird, es sei jedem anheimgestellt, nach eigenem Gutdünken zu handeln.
Auch wirft die Erschöpfung von Kolleginnen und Kollegen, die schon Jahrzehnte im Schuldienst sind, Fragen auf. Deshalb möchte ich hier Hilfen für den Einstieg geben, den Lehrerberuf aber auch insgesamt in den Blick nehmen.

Dieser Leitfaden orientiert sich bewusst am Alltag, an Fragen und Problemfeldern, die jeder und jedem begegnen. Dass ich mich überwiegend auf die Fallen und Stolpersteine, also auf Grenzbereiche beziehe, soll nicht entmutigen – ganz im Gegenteil. Es soll dazu dienen, Sie mit ihnen vertraut zu machen, Ursachen zu zeigen und mögliche Wege anzudeuten. Allerdings kann niemand allgemeingültige Rezepte anbieten. Der Weg, Ihr Weg, wird immer der eigene, ganz individuelle sein, und wie immer Ihr Weg sein wird: Ihr Beispiel wird Schule machen. Sie werden gebraucht.

Hessisch Lichtenau, Januar 2010 *Charlotte Sinha*

Sie selbst

Warum haben Sie diesen Beruf gewählt?

Sie haben sich dazu entschlossen, Lehrerin oder Lehrer zu werden. Damit Sie in dem von Ihnen gewählten Beruf zufrieden sind und es vor allem auch bleiben, sollten Sie zunächst bedenken, welche Vorteile Sie auf Ihrer Seite haben: Sie sind jung und dynamisch, was Sie den Schülerinnen und Schülern gleich näherbringt und Ihnen einen nicht unerheblichen Bonus verschafft. Sie verwenden viel Zeit, Energie und Kreativität auf die Gestaltung Ihrer Unterrichtsstunden, und Sie bringen Neuerungen in den Unterrichtsalltag, von denen alle profitieren. Das ist ein echtes Geschenk.

Da aber nichts statisch ist, werden Veränderungen unterschiedlicher Art auf Sie zukommen: Die Zeit hat nicht nur die unschöne Angewohnheit, solch nützlichen Attributen wie Jugend den Garaus zu machen, sondern sie hat es auch auf Ihren Kräfte- und Energiehaushalt abgesehen. Wenn Sie nicht unverhofft mit leerem Akku dastehen wollen, sollten Sie von Anfang an Maßnahmen ergreifen. Dazu gehört, dass Sie sich ein Bild von sich selbst und Ihrem (künftigen) Beruf machen.

Der erste Pinselstrich ist: Seien Sie sich selbst gegenüber so aufrichtig, wie es Ihnen möglich ist. Wenn Sie dies sind und bleiben, leisten Sie einen wesentlichen Beitrag zum Fundament auf Ihrem Weg zur souveränen Lehrerpersönlichkeit und zu Gelassenheit im Alltag.

Motive und Ziele

Also lehnen Sie sich entspannt zurück und überdenken Sie die Motive, die Sie hierher geführt haben: Es gibt ganz unterschiedliche Motivlagen – aber was dominiert jeweils?

Vielleicht ist Ihnen, in Zeiten allgemeiner wirtschaftlicher Verunsicherung, die Sicherheit Ihres Arbeitsplatzes besonders wichtig;

Sie setzen auf »Auszeiten« in Form von Ferien; Ihnen liegen Kinder und Jugendliche, die Gestalter der Welt von morgen, am Herzen; Sie haben gute Erfahrungen gemacht, die Sie weitergeben möchten, oder vielleicht schlechte, die Sie kompensieren wollen; Sie möchten »etwas zu sagen« haben.

Grundlage für Ihre weitere berufliche Entwicklung ist die bereits genannte Aufrichtigkeit, verbunden mit einer bewusst getroffenen Entscheidung:
Warum bin ich hier? Was ist mir wichtig? Was kann ich (nicht)? Was ist mein Ziel?

Sie mögen dagegenhalten, dass es Beispiele dafür gibt, dass man auch ohne die entsprechenden Antworten zum Ziel kommen kann. Das ist richtig. Wer die letzte Frage mit »Schulleiter werden« beantwortet, mag dies auch erreichen. Aber wie wird er die Rolle ausfüllen? Wie werden die persönliche Disposition, Reflexions- und Kritikfähigkeit, wie werden seine Ziele die Wahrnehmung dieser Rolle beeinflussen?

Echte Arbeitszufriedenheit erfordert Professionalität, und die wiederum erfordert so einiges, mit dem wir uns an anderer Stelle noch befassen werden. Es nützt Ihnen gar nichts, nach außen hin gut dazustehen – oder zumindest bei bestimmten Personengruppen gut dazustehen –, wenn dies nicht mit Ihrer Befindlichkeit korrespondiert. Sie können die Schubladen noch so gut verschließen: Womit Sie sich nicht auseinandersetzen, wird Sie früher oder später einholen. Es wird dann schwerer zu identifizieren sein, weil es sich inzwischen verkleidet haben wird. Es kommt im Gewand der Selbstrechtfertigung, der Projektion, der Verschiebung daher, und es hat noch andere Verkleidungen zur Verfügung – ist ja langweilig, so allein in der Schublade. Sie werden dann sehr viel mehr Mühe aufzuwenden haben, als wenn Sie sich sofort mit der anstehenden Sache auseinandersetzen würden.

Heute wird davon ausgegangen, dass »ein guter Lehrer« zu sein eher eine Frage des Handwerks als eine der Disposition ist.
Dies ist für alle wichtig, die sich nicht als »geborene Lehrer« fühlen, es aber dennoch werden wollen, weil es bedeutet, dass sie dieses Handwerk erlernen können. Natürlich gibt es Eigenschaften, die diese Berufswahl begünstigen, wie Kritik- und Empathiefähigkeit,

Toleranz, Geduld, Offenheit, Humor. Über manches werden Sie verfügen, anderes werden Sie sich aneignen und manches wird Ihnen fremd bleiben. Als kluger Mensch werden Sie immer an sich arbeiten, und dies wird sich auch in Ihrem Beruf bemerkbar bzw. bezahlt machen: Sie haben einen Beruf gewählt, der Sie in Ihrer Persönlichkeitsentwicklung im besten Sinne unterstützt – wenn Sie es zulassen. Andererseits: Wer möchte schon intolerant, verschlossen und rechthaberisch sein? Eben.

Es ist völlig legitim, wenn Sie am Ende Ihrer Überlegungen – Sie erinnern sich: Warum haben Sie diesen Beruf gewählt? – auch zu dem Ergebnis kommen, dass Sie Sicherheit und ein angenehmes Arbeitsleben haben wollen. Wenn Sie bereit sind, sich selbst als in dauernder Entwicklung befindlich zu begreifen, und wenn Sie offen für Menschen und neue Ideen sind, dann spricht nichts dagegen, dass Sie dies auch bekommen.

Ich selbst hatte ursprünglich Arabistik, Völkerkunde und Englisch studiert, bis mich zwei Umstände in eine andere Richtung zogen: zum einen die Erkenntnis, dass ich als Frau in der von Männern dominierten arabischen Welt nur begrenzte Möglichkeiten haben würde, zum anderen die Tatsache, dass ich als alleinerziehende Mutter eines Kleinkindes bestimmte Rahmenbedingungen benötigte und vor allem auch weiterhin benötigen würde. Also wechselte ich die Universität und begann ein Lehramtsstudium. Wie Sie sehen, spielte eine intrinsische Motivation hier keine Rolle. Der Studiengang beinhaltete in Kassel damals schon Praktika, und ich erinnere mich an meine Erleichterung, als ich in diesem Rahmen zum ersten Mal vor einer Lerngruppe stand: Ich wusste genau, dass dies das Richtige war.

Was ich getan hätte, wenn sich dieses intuitive Wissen nicht eingestellt hätte? Auch das weiß ich genau: Ich hätte eine andere Berufswahl getroffen; zu viel Zeit, Energie und letztlich auch Lebensglück fließen in die Arbeit und die Lebensarbeitszeit ein, als dass ich ein »Vielleicht« riskiert hätte.

Inzwischen hat sich dieser Beruf stark verändert, die Anforderungen sind höher, die Nischen kleiner geworden, und insgesamt hat sich die Arbeit selbst einerseits verdichtet, andererseits wird sie umfassender definiert.

Die Veränderung selbst hat sich mittlerweile beschleunigt, und auch die Gesellschaft und deren Blick auf Schule unterliegen dauernder Veränderung.

Sie haben aber den Vorteil, dass Sie mit der Beschleunigung wesentlich vertrauter sind als ich, die ich viel älter bin. Das wird Ihnen helfen.

Obwohl Neuerungen in der Schule inzwischen schneller ankommen, hinken sie doch der gesellschaftlichen »Echtzeit« enorm hinterher, zu schwerfällig ist der Apparat Bildung insgesamt, und da, wo es tatsächlich kurze Reaktionszeiten gibt, fehlen gelegentlich solide Analysen und Prognosen.

Sie werden nicht mit jeder Neuerung einverstanden sein, aber einen Weg finden können, mit ihr umzugehen, wenn Sie sie genau betrachten.

Erste Begegnungen

Wenn Sie Ihren Schulalltag beginnen, werden Sie möglicherweise überwältigt sein: Welch ein Lärmpegel, welche Hektik, alles erscheint völlig unübersichtlich, Sie haben mit unglaublich vielen Menschen am Tag zu tun – und Sie sitzen nicht an der Kasse des Supermarktes um die Ecke, sondern sind mit allen Sinnen und allen Fähigkeiten gefordert.

Außerdem haben Sie womöglich schlecht geschlafen. (Was Sie noch nicht wissen: Sie werden mit großer Wahrscheinlichkeit auch weiterhin mindestens die jeweils letzte Nacht vor Schulbeginn schlecht schlafen.)

Es scheint zahllose Verfahren, Regeln und ungeschriebene Gesetze zu geben, die Sie vielleicht erahnen, aber ganz gewiss noch nicht durchschauen. Sie müssen ungewohnt viel fragen, wenn Sie sich zurechtfinden wollen, und manche Antwort mag Ihnen kryptisch erscheinen.

Suchen Sie sich Unterstützung bei Kolleginnen und Kollegen, schauen Sie, wer Ihnen sympathisch ist, aber achten Sie darauf, dass Sie sich auch an kompetente Menschen wenden, wenn Sie Hilfe benötigen.

Die Aufgabenfelder in der Schule sind zahlreich, und nachdem Sie die Phase von »Das ist mir alles zu viel« überwunden haben, werden Sie feststellen, dass Sie sich wiederum entscheiden müssen. Niemand kann sich um alles gleichermaßen gut kümmern! Was sind Ihre Ziele und Ideale, was davon lässt sich realisieren? Also wählen Sie das, was Ihnen am meisten zusagt, wo Sie am Ball bleiben wollen: Das kann z. B. die Qualität von Unterricht insgesamt sein, aber auch ein Baustein dazu wie der Umgang mit Methoden oder die Frage, wie Schülerinnen und Schüler aus »bildungsfernen Schichten«, wie es so schön heißt, zu motivieren sind, oder etwas ganz anderes.

Auch werden Sie merken, dass Sie im Unterricht selbst nicht alle Aspekte, ob didaktischer oder methodischer Art, gleichermaßen bedienen können. Das ist völlig normal. Vermutlich werden Sie auch entdecken, dass Sie bezogen auf den Unterricht mit einem Ihrer Fächer besser zurechtkommen als mit dem anderen – wobei dies nicht unbedingt das Fach sein muss, das Ihnen persönlich näher ist.

Was Sie jetzt tun, wie Sie jetzt die Sache angehen, wie Sie sich jetzt verhalten, damit spuren Sie Ihre Zukunft ein: Wie bei Konrad Lorenz' Gänsen bleibt der allererste Kontakt der entscheidende, der Sie prägen wird.

Was ist Ihnen wirklich wichtig? Woran wollen Sie (künftig) teilhaben, womit möchten Sie sich intensiver auseinandersetzen? Bequemlichkeit der Kategorie »Das war schon immer so« ist nicht zu haben. Wenn Sie dieser Idee folgen, können Sie nur enttäuscht werden. Sie werden erschöpft sein und sich ausgebrannt fühlen, ohne sich dies wirklich erklären zu können. Seien Sie bereit, sich auf Abenteuer einzulassen, entdecken Sie neue Optionen, treffen Sie eine Wahl!

Stellen Sie sich vor, Sie steigen in einen vollen Bus ein, greifen nach dem nächstbesten Haltegriff und bleiben dort stehen. Der Bus füllt und leert sich, rumpelt dahin und die Menschen drängen um Sie herum, während Sie unverrückbar an Ihren Griff geklammert stehen bleiben. Tun Sie das nicht! Natürlich greift man nach dem ersten Halt, der sich bietet, aber lassen Sie ihn wieder los, sobald Sie Ihr Gleichgewicht allein stabilisieren können, wandern Sie auch mal weiter und greifen Sie bei Bedarf nach einer anderen Stütze. Sie können zwischendurch auch einmal aussteigen, wenn Sie wollen, oder einen anderen Bus nehmen.

Die Weichen für Ihren künftigen Umgang mit dem gewählten Beruf stellen Sie jetzt. Die Haltung, die Sie jetzt entwickeln, wird Sie durch Ihr Berufsleben begleiten.

In einem Personal- bzw. Lehrerrat diskutieren Kolleginnen und Kollegen darüber, wie man die Arbeitssituation für Lehrerinnen und Lehrer in Teilzeit verbessern könne. Im Laufe der Debatte sagt Frau Klaus ungeduldig: »Wir hatten das alles doch auch nicht, warum sollen die es jetzt besser haben als wir?«

Obwohl Frau Klaus in diesem Gremium die Interessen der Lehrerinnen und Lehrer zu vertreten hat, ist es an dieser Stelle nicht ihr Ziel, deren Situation zu verbessern: Wir sind uns einig darüber, dass sich hier eine furchterregende Haltung Bahn bricht, oder?

Die Lehrerrolle

Mit bestandenem Examen werden Sie den Führerschein gemacht haben. Das bedeutet, dass Sie jetzt Auto fahren dürfen – aber wie gut können Sie es?

Haben Sie Geduld mit sich selbst, erlauben Sie sich Um- und Abwege, muten Sie sich nicht zu viel zu. Das gilt für die Ausbildungszeit genauso wie für die ersten Jahre als Lehrerin oder Lehrer – mindestens. Eine Faustregel besagt, dass man erst nach zehn Jahren jeder Situation begegnet ist und dann erst als erfahren gelten kann, allerdings werden Sie auch danach noch immer wieder neue Erfahrungen machen und neuen, fremden Situationen begegnen. Der Anfang mag nicht ganz einfach sein; Sie haben noch keine Routine entwickelt, Sie haben noch keinen Überblick über alle Bereiche und Anforderungen und können folglich die Dinge noch nicht richtig einordnen. Hinzu kommt, dass der Umgang mit Ihren Ausbilder/innen nicht immer einfach ist oder war; manche haben persönliche Präferenzen oder gar Marotten, die sie in Ihrem Unterricht wiederfinden wollen. Noch schwieriger wird es, wenn Sie die Beurteilungskriterien Ihrer Ausbilder/innen nicht nachvollziehen können oder gar keine Begründungen genannt werden. Bitten Sie hier Ihre Mentorinnen und Mentoren um Unterstützung! Sie haben das Recht auf eine konstruktive Kritik – wie sonst sollten Sie daraus lernen können? Hospitieren Sie, sooft Sie dafür Zeit haben, und lassen Sie sich Aspekte, die Ihnen neu oder nicht ganz verständlich sind, erklären.

Die Arbeit insgesamt ist für Sie zunächst völlig ungewohnt: Sie müssen sich vom universitären Anspruch auf die Fachinhalte in der Schule umstellen (manches davon wird Ihnen höchstens aus Ihrer eigenen Schulzeit noch geläufig sein); es werden sehr hohe Anforderungen an Ihr Konzentrations- und Reaktionsvermögen gestellt und das Korrigieren als ungewohnte Tätigkeit ist zunächst mit Unsicherheiten behaftet und benötigt viel Zeit. Deshalb nochmals: Haben Sie Geduld mit sich!

Ihr Arbeitszimmer

Ihrer Arbeitsorganisation kommt jetzt eine besondere Bedeutung zu. Sollten Sie der Typ sein, der vermeintlich »auf den letzten Drücker« am besten arbeitet, dann setzen Sie Ihren »letzten Drücker« bewusst, z. B. grundsätzlich das einer Klausur oder Klassenarbeit folgende Wochenende als Deadline – ohne Verabredungen oder Sonstiges zu planen.

Wenn sich erst die Arbeitshefte stapeln, lässt sich kaum noch sinnvoll arbeiten; der Druck ist dann so groß, dass man sich begreiflicherweise nur noch allem entziehen möchte. Sie haben es selbst in der Hand, ob Sie in diesen Teufelskreis »immer wartet Arbeit auf Sie, die noch nicht erledigt ist, und immer kommt weitere hinzu« einsteigen wollen!

Verwenden Sie viel Aufmerksamkeit darauf, herauszufinden, wie und in welchem Arbeits- und Pausenrhythmus Sie am besten arbeiten können, und halten Sie sich an diese Struktur.

Bedenken Sie, dass sich unsere Arbeitszeit in Wellen bewegt, deren Amplituden in der Vorweihnachtszeit und im Frühsommer liegen. Eine 30-Stunden-Woche kommt ebenso vor wie eine 60-Stunden-Woche.

Nehmen Sie sich nicht mehr vor, als Sie bewältigen können. Das Gefühl, eine Arbeit ständig unterbrechen zu müssen, nicht fertig zu werden, ist äußerst kontraproduktiv und macht unzufrieden. Achten Sie darauf, dass Ihr Schreibtisch nicht so überladen aussieht, dass es Sie nur noch nach dem Müllcontainer verlangt; parken Sie Unterlagen notfalls außerhalb Ihres Blickfeldes und bearbeiten Sie sie nach der »Salamitaktik«: Wenn Sie sich bewusst Zäsuren setzen, wird sich auch das Gefühl einstellen können, etwas abgeschlossen zu haben.

Überlegen Sie sich in Ruhe, welche Strukturen von Unterrichtsvor- und -nachbereitung unter Berücksichtigung von Pausen für Sie am besten geeignet sind, und probieren Sie sie aus.

Verfahren Sie ähnlich mit Klassenarbeiten und Klausuren: Finden Sie heraus, ob es für Sie angenehmer ist, jeweils zunächst nur eine Aufgabe zu korrigieren (Aspekt der Vergleichbarkeit) oder lieber vollständige Arbeiten (Bezug der Aufgaben zueinander). Wenn Sie wissen, was Sie im Zeitraum von z. B. zwei Stunden bewältigen können, nehmen Sie sich nicht mehr vor; machen Sie erst eine kurze Pause, deren Dauer Sie vorher bestimmen.

Legen Sie bestimmte Arbeitszeiten fest und planen Sie Ihren »Feierabend«, schließen Sie zumindest gedanklich die Tür.

Sie können sich auf dem Hinweg zur Schule einstimmen und auf dem Nachhauseweg den Schultag Revue passieren lassen. Wenn Ihre Fächer dies zulassen, können Sie auch ohne Schreibtisch darüber nachdenken, wie Sie was umsetzen wollen. Sie können dies beim Abwaschen, Spazierengehen oder Staubsaugen tun.
Wenn Sie Assoziationen und Gedankenspiele in diesem Rahmen ermöglichen können, werden Sie sehr viel produktiver und kreativer sein können, als wenn Sie mit einem »Ich muss« im Nacken am Schreibtisch sitzen. Setzen Sie sich aber auch hier einen zeitlichen Rahmen!

Sollte Ihr Motor nach der Schule immer noch hochtourig laufen, nutzen Sie den Schwung und setzen Sie sich für eine begrenzte Zeit sofort an den Schreibtisch, z. B. zur Nachbereitung, aber schalten Sie ab, wenn Ihr Kopf zur Ruhe kommen möchte.

Wie in allen Berufen mit freien Arbeitszeiten ist es auch hier unbedingt nötig, die Abgrenzung einzuüben. Was auch immer Sie diesbezüglich tun, es muss zu Ihnen passen.

Wie Sie sehen, ist dieses Kapitel den Schwierigkeiten gewidmet, die die flexiblen Arbeitszeiten in diesem Beruf mit sich bringen. Andererseits gibt es immer eine Lösung – wenn Sie es wollen. Am leichtesten fällt dies, wenn Sie sich fragen, was Sie wirklich wollen, aus welchem Grund Sie sich wie verhalten: Wollen Sie einen ewig überladenen Schreibtisch haben? Wollen Sie immer unter Zeitdruck arbeiten? Fühlen Sie sich damit wohl? Genießen Sie Ferien mehr, wenn Sie am Ende noch Korrekturen zu machen oder einen Unterrichtsentwurf zu schreiben haben?

Vernünftigerweise lässt sich keine dieser Fragen mit »Ja« beantworten – also finden Sie heraus, warum Sie es tun, und entwickeln Sie Gegenmaßnahmen! Das ist natürlich nicht so leicht, denn obwohl inzwischen längst erwiesen ist, dass man unter Druck keineswegs besser arbeitet, gibt es in Ihnen Strukturanteile, die diese »Grenze« zu benötigen scheinen – Ihnen damit aber auch einen Teil Ihrer Entscheidungsfreiheit nehmen. Das alleine wäre es schon wert, dieses Problem in Angriff zu nehmen, es zu lösen oder es zumindest in Schach zu halten, oder? Sie haben die Wahl, Sie allein entscheiden das.

Fallen Sie nicht auf das nette Stimmchen herein, das es Ihnen bequem machen will. Diese Bequemlichkeit hat keinen Bestand; sie kann nicht zu Ihrer Zufriedenheit führen, wenn Sie das anstehende Problem, die anstehende Sache nicht wirklich geklärt haben. Nur mit Klarheit können Sie überleben, Beruf und Freizeit trennen und getrennt genießen.

Zwischen allen Stühlen

Ob Sie es wollen oder nicht, Sie befinden sich jetzt auf der anderen Seite des Zauns. Sie sind wichtig für Ihre Schule, und dass Sie sich trotz des Zauns Ihren Schülerinnen und Schülern nahe fühlen, näher vielleicht als einem Großteil des Kollegiums, ist nicht nur verständlich, sondern auch gut.

Dennoch kann es durchaus hilfreich sein, bestimmte Unterscheidungsmerkmale auch nach außen sichtbar zu machen, zum Beispiel in der Kleiderfrage. Die derzeitige Mode verlangt, auch im Winter dünne, bauchfreie Pullover zu tragen. Sie tragen sie also auch. Seien Sie sich darüber im Klaren, dass alle Aspekte Ihrer Anatomie von größtem Interesse für Schülerinnen und Schüler sind, und überlegen Sie, ob Ihnen Kommentare wie der folgende im Hinblick auf Ihre Privatsphäre und auf Ihre Rolle als Lehrerin gleichgültig sind:

»Bah«, sagt eine Schülerin der Jahrgangsstufe 12 auf dem Gang zur anderen, »hast du diese blaue Ader an Frau Sieberts Bauch gesehen? Also, die find' ich echt eklig!«

Entscheiden Sie bewusst, wie Sie sich kleiden möchten, damit Sie eine Haltung dazu entwickeln können. Die wird dann auch mit bauchfreien Pullovern durchschimmern.

Qua Amt wird von Ihnen ein bestimmtes Auftreten erwartet, haben Sie Dinge zu entscheiden und zu beurteilen, und nichts und niemand kann Sie davon befreien. Von daher ist es hilfreich, sich mit Aspekten der eigenen Rolle auseinanderzusetzen und sich Klarheit zu verschaffen. Stellen Sie sich z. B. vor, welche Erwartungen an Sie gestellt werden: Nicht nur Sie definieren Ihre Rolle oder Aspekte davon, sondern auch

- Ihre Lerngruppen
- die Eltern
- Kolleginnen und Kollegen
- die Schulleitung
- das Schulamt
- das Ministerium
- die Gesellschaft

Was sind das für Ansprüche?
Diese Ansprüche sind zahlreich und von individuellen Erwartungen geprägt. So kann im Kollegium »Kollegialität« von zentraler Bedeutung, aber ganz unterschiedlicher Definition sein, für Schülerinnen und Schüler, die häufig »Verständnis« und »Gerechtigkeit« fordern, gilt das Gleiche; die Eltern wollen, ebenfalls mit unterschiedlicher Betonung, dass ihr eigenes Kind »gut« ist oder wird; Anliegen der Schulleitung ist, dass Sie sich gut einfügen und/oder die Schule voranbringen (auch hier sind ganz unterschiedliche Präferenzen möglich). Sie sollen sich an die entsprechenden Verordnungen halten, während die Gesellschaft die Rollenbilder hegt und pflegt, die Ihnen vermutlich bekannt sind.
Diese Rollenerwartungen können fachlicher, juristischer, pädagogischer, menschlicher, persönlicher oder gesellschaftlicher Art sein und sind zudem nicht unbedingt widerspruchsfrei – was eine Klärung nicht eben erleichtert. Lassen Sie mich dies an Beispielen aus dem Lehreralltag erläutern:

Sie haben den Schüler Max der Klasse G9 für das Jahreszeugnis in Ihrem Fach Mathematik mit einer Fünf bewertet.
Max kommt nach der Stunde, in der Sie die Noten bekannt gegeben haben, zu Ihnen und sagt: »Wenn Sie mir eine Fünf geben, bleibe ich Ihretwegen sitzen. Können Sie mir nicht noch 'ne Vier geben? Ich verspreche Ihnen, dass ich mich im nächsten Halbjahr mehr anstrengen werde.« Sie sind zunächst gewillt nachzugeben, fragen aber bei anderen Kolleginnen und Kollegen, die in der Klasse unterrichten, nach. Max hat in zwei Nebenfächern eine Fünf, in

Deutsch eine Drei, in Englisch eine Vier, würde also in Hessen nicht versetzt, wenn Sie bei der Fünf blieben, weshalb Sie sich in Ihrem Nachgeben bestätigt fühlen. Die Kolleginnen und Kollegen reagieren verärgert: »Dem muss man jetzt mal zeigen, dass er so nicht weitermachen kann, jahrelang hat er sich durchlaviert – es wird Zeit, dass das ein Ende hat!«
Sie lassen sich letztendlich überzeugen und bleiben bei Ihrer ursprünglichen Note. Später werden Sie vom Zweigleiter oder vom Stufenleiter oder vom Schulleiter angesprochen: »Die Eltern von Max Baier haben angerufen und wollen ein Gespräch. Sie können ja entscheiden, wie Sie es für richtig halten, aber wir haben mit Max vier Wiederholer, da wird die nächste G9 eigentlich zu voll.« Da Ihnen die Botschaft natürlich klar ist, gehen Sie mit leichtem Unbehagen in das Elterngespräch, wo Sie zu hören bekommen: »Max war immer ein guter Junge, und fleißig ist er auch. Wir verstehen das gar nicht, er geht doch eigentlich immer gern zur Schule! Wie kommen Sie überhaupt zu der Note?« Später wird Ihnen mitgeteilt, dass sich die Eltern von Max Baier beim Schulamt beschwert haben …

Da ist also der Schüler Max mit seiner ganz persönlichen Ebene und seinen persönlichen Wünschen, da sind die Kollegen, die scheinbar sachbezogen im Grunde von Ihnen Solidarität einfordern (um den Schüler nicht mehr unterrichten zu müssen oder um ihm selbst guten Gewissens eine schlechte Note geben zu können), da ist der Leiter, der die Schulorganisation im Auge hat, und da ist das Schulamt, das von Ihnen möglicherweise eine fachliche Erläuterung verlangen und diese schlimmstenfalls juristisch prüfen lassen wird.

Hier hilft nur: Entscheiden Sie mit Bedacht und tun Sie, was Sie für richtig halten – nur das werden Sie auch vertreten können.

Ein weiteres Beispiel anderer Art:

Die Kollegin Bauer, kurz vor ihrer zweiten Staatsprüfung, unterrichtet das Fach Deutsch im Jahrgang 11 und hat soeben die Noten besprochen. Am Tag darauf wird sie vom Kollegen Kauder angehalten: »Wie kommen Sie dazu, die mündlichen Noten stärker zu gewichten? Mündlich und schriftlich fließen zu je 50% in die Note ein, und wenn Sie das nicht wissen, müssen Sie sich mal schlau machen, hier an dieser Schule wird das jedenfalls so gehandhabt!«

Hier wird Verschiedenes deutlich: Kollege Kauder nimmt seinen Standpunkt als gegeben an, nutzt die Gelegenheit, um ein Ungleichgewicht (bezogen auf die jeweiligen Rollen, bezogen auf Wissen) herzustellen, und ist vermutlich deshalb verärgert, weil seine

Lerngruppe ihn angesprochen hat und er seine Haltung nicht überdenken will. Auch werden verschiedene Ebenen vermischt, z. B. die persönliche mit der fachlich-juristischen, und es wird ein fiktiver Bezugsrahmen gesetzt (»hier an der Schule…«), der keinen Bestand hat. Die Referendarin hingegen hat offensichtlich die entsprechende Verordnung des Hessischen Schulgesetzes (mindestens zur Hälfte; keine formelhafte Berechnung) gelesen und auf ihre Bewertung angewendet.

Es gibt zahllose Situationen, in denen die z. T. widersprüchlichen Anforderungen an Sie erkennbar werden. In diesem Zusammenhang ist noch etwas von Bedeutung, das Sie selbst betrifft: Sie sind nicht immer der gleichen Meinung wie Sie selbst. Sie haben ein »inneres Team«, unterschiedliche Stimmen, die Ihnen Unterschiedliches raten oder von Ihnen fordern. Hören Sie hin! Wer übernimmt gerade die Führung und warum? Ist es der Zauderer oder die Rechthaberin, der Bequeme oder die Gründliche? Wollen Sie, dass gerade dieses Mitglied die Leitung des Teams übernimmt? Beachten Sie alle Stimmen, auch und besonders die leisen!

Die folgenden Beispiele beziehen sich auf das Verhältnis zwischen Lehrenden und Lernenden und auf die Konflikte, die sich durch Widersprüche, Befindlichkeiten, Bedürfnisse und Aspekte mangelnder Rollenklärung ergeben können.

Kollege Reiß, jung und unternehmungslustig, lebt in der gleichen Kleinstadt, in der sich auch die örtliche Schule befindet. Abends geht er gerne in die Kneipe und trifft dort häufiger auf seine Schülerinnen und Schüler, die zwar unabhängig von ihm dort sind, aber durchaus gerne mal einen mit ihm trinken und auch von ihrer privaten Situation erzählen. Später berichten sie in der Schule davon, finden es cool und betrachten Herrn Reiß als einen der Ihren.

Diese Situation kommt relativ häufig vor, ist kaum vermeidbar, beinhaltet aber dennoch Konfliktpotenzial, das in der Rollenüberschneidung liegt: Herr Reiß als Privatperson an der Theke und Herr Reiß als Lehrer im Unterricht – auf welcher Ebene wirkt sich die neue Vertraulichkeit wie aus? Wie geht er damit um, wenn es sich um Schüler/innen der Mittelstufe handelt, die fröhlich den Alkohol in sich hineinschütten? Welche Auswirkungen hat sein Verhalten? Einer ähnlichen Problematik ist übrigens auch der »Kumpeltyp«

ausgesetzt, selbst wenn er mit seinen Lerngruppen nur innerhalb der Schule Kontakt hat.

Was ich damit sagen will: Machen Sie sich immer klar, wie Sie zu etwas stehen, was Ihre jeweiligen Haltungen sind und wo Sie wie Position beziehen können oder müssen. Erinnern Sie sich? Entscheiden Sie bewusst! Wenn Sie sich überfordert fühlen, halten Sie einen Moment inne, steigen Sie aus, um sich zu sammeln. Den größten Schaden richtet nicht ein Fehler, sondern die Beliebigkeit an. Lassen Sie die Dinge nicht auf sich zukommen, sonst könnte am Ende das stehen, was als »Rollendiffusion« bezeichnet wird und praktisch bedeutet, dass Sie selbst nicht mehr wissen, wo Sie stehen, und von Ereignissen und Erwartungen überrollt werden.

Herr Fuchs wurde von allen Klassen und Kursen geliebt; mochte ihn jemand nicht, setzte er alles daran, ihn für sich zu gewinnen (was ihm allerdings nicht immer gelang). Seine Schülerinnen und Schüler gingen für ihn durchs Feuer und waren stolz auf ihn und die Ergebnisse ihrer Klausuren. Es wurde ihnen deutlich zu verstehen gegeben, wie überaus schwierig und komplex die Aufgaben gewesen seien, eigentlich oberhalb des Niveaus ihrer Jahrgangsstufe, und wie klug sie demnach seien. Herr Fuchs war humorvoll und sicherte darüber hinaus seine gute Beziehung zu den Lerngruppen, indem er sich mit ihnen traf und auch gelegentlich mit ihnen um die Häuser zog. Er zeigte sich sehr menschlich und ließ seine Schülerinnen und Schüler an seinem Privatleben teilhaben. Aus Sicht der Kolleginnen und Kollegen allerdings war seine Notengebung überaus freundlich und wenig transparent, was bei Prüfungen gelegentlich Probleme schuf. Es kam durchaus vor, dass er seinen Schülerinnen und Schülern deutlich machte, dass es mit den pädagogischen Fähigkeiten bzw. der Fachkompetenz der Kollegen XY nicht weit her sei. Dass er Schülerinnen und Schülern Aufgaben überließ, die er hätte wahrnehmen müssen (»Das fördert ihre Selbstständigkeit!«), wurde im Kollegium eher als Bequemlichkeit gewertet. Gleichzeitig hatte er die Angewohnheit, im Kollegium abfällig über seine Schülerinnen und Schüler zu sprechen (»Das müssen die Schüler eben lernen!«).

Hier haben Sie ein klassisches Beispiel des »Gurus«, ein Rollenverständnis, das Ihnen – zumindest bezogen auf den ersten Teil – möglicherweise erstrebenswert erscheint, besonders, wenn Sie es selbst als Schülerin oder Schüler erfahren haben. Das Kernproblem liegt darin, dass Schülerinnen und Schüler in gewisser Weise instrumentalisiert werden: Es kann nicht darum gehen, sich Anhänger zu (ver)schaffen, die kritiklos alles hinnehmen oder tun, was Sie sagen oder verlangen. Ihre Aufgabe ist es auch, zur Persönlichkeitsentwicklung Ihrer Schülerinnen und Schüler beizutragen und deren Selbstständigkeit und ihr Kritikvermögen zu fördern. Der Lehrer vom Typ »Guru« tut dies nicht, er kann es gar nicht tun, weil seine Zielsetzung stark von dem Bedürfnis geprägt ist, bedingungslos geliebt zu werden. Er verfügt nicht über die Souveränität, die es ihm erlauben würde, das zu fördern, was alle Eltern zwangsweise erleben müssen: das Abnabeln, die zunehmende Unabhängigkeit seiner Schützlinge. Gleichzeitig benötigt er die Anerkennung im Kollegium, was zu einer widersprüchlichen Haltung bezogen auf die Schülerinnen und Schüler führt.

Dies ist etwas, das nicht immer leichtfällt: Sie müssen Widerspruch aushalten, auch dass sich Ihre Schülerinnen und Schüler an Ihnen reiben und messen, um letztendlich gestärkt – wenn auch vielleicht nicht ganz so, wie Sie es sich vorgestellt haben – aus der Lehrer-Schüler-Beziehung hervorzugehen. Es bedeutet für das, was Sie sich auf der Beziehungsebene wünschen oder gar erhoffen, eine Ausrichtung an Ihrem pädagogischen Leitbild statt an Ihren persönlichen Bedürfnissen.

Es ist ein wunderbares Gefühl, Schülerinnen und Schüler in dem Wissen zu entlassen, dass Sie Ihr Bestes getan haben, und nicht selten stellt sich eine Anerkennung auch noch Jahre nach dem Ende der Schulzeit ein.

Herr Müller machte seinen Unterricht in der Regel anhand des Lehrbuches; er teilte seinen Schülerinnen und Schülern mit, wie die Dinge seien, erklärte auch die jeweiligen Phänomene, tat dies aber auf fachlicher Ebene, ohne die Lebenswelt der Schülerinnen und Schüler einzubeziehen, sodass sich der Stoff für diese als relativ abstrakt darstellte. An einer wie auch immer gearteten Beziehung zu seinen Lerngruppen war er nicht interessiert, da er sich, wie er sagte, als »Fachvermittler« verstehe. Dies sei seine Aufgabe. Sobald die Unruhe etwas zunahm – was, da seine bevorzugte Unterrichtsform der Fachvortrag war, häufig vorkam –, erhob er seine Stimme und wurde laut. Die Lerngruppen empfanden ihn als unzugänglich, sogar unmenschlich, und Sätze begannen häufig mit »Er sieht doch, dass ...« oder »Immer muss er schreien, wenn ...«. Allerdings fanden keine Aussprachen statt, weil die Schülerinnen und Schüler einfach nur froh waren, dem Unterricht entkommen zu sein.

Hier finden Sie sozusagen den Gegentypus zum Guru; während Ersterer verdeutlicht, was Rollendiffusion auf der Beziehungsebene bedeuten kann, hat Letzterer seine Rolle auf einzelne Merkmale reduziert. Indem Herr Müller keine Beziehung zu seinen Lerngruppen eingeht bzw. eingehen möchte, möglicherweise als Konfliktvermeidungsstrategie, tut er dies de facto natürlich doch. Watzlawicks Axiom (»Man kann nicht nicht kommunizieren«) hat auch hier Gültigkeit, sodass der persönliche Nutzen nur ein scheinbarer ist. Zufrieden macht dies sicherlich nicht. Wer unterrichtet schon gerne gegen die Wand?

Jetzt werden Sie vermutlich fragen: Wo bleibt ein Beispiel für gelungenen Unterricht, für gelungene Lehrer-Schüler-Interaktion? Solche Beispiele sind deutlich schwerer darzustellen. Das hat damit zu tun, dass die beiden genannten typische Vertreter des Frontalunterrichts abbilden. Selbst wenn hier und da mal Gruppenarbeit stattfindet, bleiben sie insgesamt doch im Zentrum des Geschehens. Vor dem Hintergrund einer zunehmenden Individualisierung verlangt das Lehrerbild von heute, wie Sie wissen, etwas völlig anderes: Den Prozessbegleiter, der eher in den Hintergrund rückt, der zur Selbsttätigkeit anregt, der informiert, aber auch umfassend berät, der versucht, den individuellen Bedürfnissen, Fähigkeiten, Fertigkeiten und Zugängen Rechnung zu tragen.

Auch dann, wenn die Gesamtverantwortung in seiner Hand bleibt, gibt er Verantwortung an die Lernenden ab, und zwar nicht nur, wie schon seit Längerem praktiziert, bezogen auf die Vorgehensweise, sondern auch bezogen auf die Inhalte. Dieses neue Rollenbild ist naturgemäß deutlich differenzierter und lässt sich als typische Unterrichtssituation nicht in wenigen Worten darstellen.

Trotz zunehmend genauerer Analyse bleibt die Beziehung zwischen Lehrenden und Lernenden in einigen Bereichen immer noch schwer fassbar oder messbar, auch wenn gelegentlich anderes suggeriert wird.

Hier ist Ihre persönliche Beobachtung gefragt. Es wird in der Literatur häufig auf den Vergleich mit dem Arzt-Patienten-Verhältnis zurückgegriffen, um die Problemlage zu verdeutlichen.

Wenn Sie zum Arzt gehen, besteht auch hier eine Beziehung, die vielschichtig und gleichzeitig komplementär ist; sie ist aber nicht nur von kurzer Dauer, sondern auch durch eine klare Zielorientierung, eine (meistens) eindeutige Diagnose und eine Lösung geprägt. Sind Sie mit einem Arzt nicht zufrieden, weil er z. B. nicht hinreichend (deutlich) erklärt oder Sie seine Kompetenz anzweifeln, haben Sie die Freiheit zu wechseln.

Wenn Sie die Unterschiede betrachten, wird die Besonderheit des Lehrerberufes deutlich. Die Zielorientierung ist komplex und findet auf verschiedenen Ebenen statt, die einander z. T. bedingen. Niemand hat die Freiheit zu gehen, und das Ergebnis ist weitaus weniger klar, wie Sie beim Thema »Noten« sehen werden. Auch fallen Aspekte von Beziehung weitaus stärker ins Gewicht und es bleiben Unwägbarkeiten:

Sie unterrichten eine Lerngruppe, die als schwierig gilt und die trotz aller Bemühungen wenig Interesse zeigt, obwohl die Beziehung zwischen Ihnen und der Lerngruppe freundlich und Ihre Unterrichtsgestaltung angemessen ist. An diesem Tag jedoch geschieht das Wunder: Die Schülerinnen und Schüler sind interessiert, die Unterrichtsatmosphäre ist entspannt und offen und die Stunde endet in allgemeinem Einvernehmen über den erreichten Lernzuwachs. Sie jubeln, freuen sich über den Durchbruch und sehen der nächsten Stunde gelassen entgegen. Was geschieht in dieser nächsten Stunde? Es ist alles beim Alten – als hätte es die davor nie gegeben.

Leider gibt es dazu wenig Hilfreiches zu sagen; auch eine solche Situation ist Alltag und kommt vor – überall. Je weniger persönliche Erwartungen Sie in (Lern)situationen setzen, desto weniger werden solche Begebenheiten Sie aus der Bahn werfen.

Authentizität

Das Zauberwort der letzten Jahre, Authentizität, ist in den Wirren vieler Neuerungen etwas in den Hintergrund gerückt, hat aber nach wie vor Gültigkeit.

Seien Sie (nur) so viel Rolle wie nötig; entscheiden Sie auch hier mit Bedacht, wie viel Rolle in welcher Situation sinnvoll ist. Je jünger Ihre Lerngruppen sind, desto feiner ist deren Gespür dafür, ob Sie (Ihre Freundlichkeit, Ihre Zielstrebigkeit, Ihre Hilfsbereitschaft oder was auch immer) echt sind. Diese Wahrnehmungen werden Ihren Unterricht und auch Sie selbst in der einen oder anderen Weise beeinflussen, wieder an die Lerngruppe zurückfließen. Es entsteht ein Kreislauf.

Authentizität bringt nicht automatisch mehr Punkte auf der Beliebtheitsskala, das sollte Ihnen bewusst sein, sie wird aber den Schülerinnen und Schülern Verlässlichkeit und Glaubwürdigkeit vermitteln.

Mir z. B. fällt es ausgesprochen schwer, Sachverhalte zu beschönigen, selbst wenn es zu irgendjemandes Besten ist. Das bedeutet natürlich nicht, dass ich die üblichen Kommunikationsregeln (bei sich selbst bleiben, positiv formulieren, ...) missachte. Da Schülerinnen und Schüler ihrerseits das gleiche Spektrum an Persönlichkeitsmerkmalen abbilden wie Sie selbst als Erwachsene auch, können Sie sich vorstellen, dass nicht alle gleichermaßen erfreut darüber sind, von mir so unverblümt angesprochen zu werden. Allerdings wissen sie, dass ihnen das gleiche Recht eingeräumt wird (was wiederum natürlich denjenigen, die eher indirekt und zurückhaltend agieren, nichts nützt) und dass ihnen nichts vorgemacht wird.

Streben Sie nicht danach, die Struktur Ihrer Persönlichkeit umzukrempeln – akzeptieren Sie sich so, wie Sie sind, und arbeiten Sie an dem, was möglich und für Sie wichtig ist. Gelassenheit, Dinge bewusst anzugehen, sich distanzieren zu können, Strukturen zu schaffen, gehört dazu, aber auch die Selbstreflexion.

Wir alle sind mit unseren unterschiedlichen Persönlichkeitsmerkmalen gleichermaßen wichtig. Selbst wenn Widerstände auszuhalten sind, Lerngruppen sich mit Ihnen auseinandersetzen: In der Summe bilden wir ein umfassendes Spektrum ab. Es gibt kein »Ranking«.
Sie mögen jemanden bewundern, der die Dinge so ganz anders angeht als Sie: Wenn Sie zurückhaltend sind, imponiert Ihnen vielleicht der Extrovertierte; wenn Sie Zeit zum Überlegen benötigen, sind Sie vielleicht von der Person beeindruckt, die immer sofort zu wissen scheint, was zu tun ist; wenn Sie sich als chaotisch empfinden, schätzen Sie die strukturierte Persönlichkeit.

Wichtig ist, wie Sie mit sich selbst umgehen, ob Sie sich Entscheidungen aus der Hand nehmen lassen oder selbst entscheiden – entwickeln Sie Handlungsspielräume und Rückzugszonen! Wenn es

Ihnen also z. B. schwerfällt, spontan Stellung zu nehmen, dann teilen Sie Ihrem Gegenüber mit, dass Sie darüber erst nachdenken müssen und Ihre Antwort später erfolgt. Sind Sie umgekehrt sehr schnell mit spontanen Antworten bei der Hand – dann tun Sie das Gleiche.

Gehören Sie zu den Erstgenannten, mögen Sie Ihr Verhalten als Defizit empfinden, weil Sie das Gefühl haben, etwas nicht zu können, da es Ihnen ja schwerfällt. Das ist nicht richtig! Spontaneität, Schnelligkeit oder anderes lassen sich nicht mit »positiv« oder »negativ« besetzen. Das tun nur Sie selbst, und Sie tun es nur aus einem einzigen Grund: weil Sie selbst es nicht können. Na und? Wenn Sie eine Frau sind (Männer werden diesen Teil möglicherweise überblättern), kennen Sie dies auch aus anderen Zusammenhängen: Sie haben glattes Haar und wollten immer schon Locken haben? Sie haben Locken und wollten immer schon glattes Haar haben? Sehen Sie!

Der spontane Typ wird das Gefühl, etwas nicht zu können, an dieser Stelle übrigens nicht haben, weil er ja aktiv wird (es sei denn, er tritt in ein Fettnäpfchen). Es gibt allerdings auch Situationen, in denen der oder die Passive den Eindruck hat, alles »richtig« gemacht zu haben, weil er oder sie sich ja nicht verhalten hat. Indem diese Person nicht aktiv wurde, kann sie keinen Fehler begangen haben, glaubt sie. Aber natürlich gilt: Jedes Verhalten ist eben Verhalten und hat Auswirkungen. Auch Aspekte wie ›Strukturiertheit‹ stellen keinen Wert per se dar: Der ergibt sich nur aus der Tatsache, dass sie hilfreich sind, um den (beruflichen) Alltag zu bewältigen, so wie dies auch für die so genannten Sekundärtugenden gilt.

Der Umgang mit Menschen und Dingen ist sehr unterschiedlich, und das soll auch so sein. Sie sollten dennoch im Auge behalten, ob das, was Sie möglicherweise für erstrebenswert halten, erstens überhaupt erstrebenswert ist und ob es zweitens zu Ihnen passt:

In der Pause unterhalten sich Frau Wolf und Herr Fischer über die anstehenden Klassenfahrten im Jahrgang 6. Herr Fischer erklärt, dass er den Schüler Alf nicht mitnehmen werde; er sei im Unterricht überaus anstrengend, man wisse nie, was ihm gerade in den Sinn komme, und außerdem hätten seine Eltern die längst überfällige Anzahlung nicht entrichtet. Ihm würde schon etwas Passendes einfallen. »Ach«, sagt Frau Wolf seufzend, »ich wünschte, ich könnte das auch.«

Warum sollte Frau Wolf sich das wünschen? In Herrn Fischers Aussage schwingt mit, dass er es vorzieht, möglichen Schwierigkeiten zulasten des Schülers aus dem Weg zu gehen. Natürlich hat Frau Wolf mehr Mühe, wenn sie anders, ihr selbst gemäß handelt, aber sie wird auch ein anderes Ergebnis erzielen können. Ihre Sehnsucht gilt möglicherweise dem Wunsch, sich selbst zu entlasten – dafür müsste sie allerdings einen anderen, ihren Weg finden. Hier hört sie nicht wirklich in sich hinein, wenn sie doch gerne das (nicht rechtmäßige) Vorgehen von Herrn Fischer als dessen vermeintliche Stärke adaptieren würde. Die Kopie klappt nie!

Es ist nicht ganz einfach, authentisch zu sein, wenn man eher zufällig irgendwie ist. Meine Schwester, Psychotherapeutin in Irland, lässt ihre Klienten eine Rede für ihre eigene Beerdigung schreiben, damit sie sich selbst auf die Spur kommen können. Makaber? Effektiv – probieren Sie es aus! Sie können auch versuchen, Ihre »verdeckten Werte« zu finden, indem Sie Folgendes tun:

Setzen Sie sich mit jemandem zusammen und notieren Sie auf einem Blatt Papier untereinander zehn Werte wie Verlässlichkeit oder Vertrauen, die Ihnen wichtig sind, wobei Sie die drei, die Ihnen am wichtigsten sind, unterstreichen. Die zweite Person nimmt dann den Stift und fragt Sie ab: Ist Ihnen der erste Wert wichtiger oder der zweite, der erste oder der dritte, der erste oder der vierte ..., fährt dann fort mit einer vergleichenden Abfrage des zweiten Wertes (der zweite oder der dritte, der zweite oder der vierte ...), des dritten, bis am Ende alle abgefragt sind. Sie müssen so spontan wie möglich antworten, und der jeweils wichtigere Wert bekommt auf der Liste einen Strich. Am Ende werden Sie feststellen, dass Ihnen bestimmte Werte besonders wichtig sind, von denen Sie dies nicht vermutet hätten.

Mit diesen Ausführungen ist natürlich nicht gemeint, dass Sie ins Grübeln verfallen sollen. Das wäre in der Tat wenig hilfreich. Gemeint ist vielmehr, sich auch hier Klarheit zu verschaffen, um das eigene Tun überprüfen und steuern zu können. Sind Sie z. B. leicht zu kränken, werden Sie die Neigung haben, Interaktionen auch unter diesem Blickwinkel zu sehen – überspitzt als: »Was habe ich ihr/ihm getan, dass sie/er mich nicht grüßt?« Sind Sie sehr pragmatisch orientiert, mögen Sie eine tatsächliche Kränkung völlig übersehen, bis die Anzeichen sich so sehr häufen, dass Sie sie wahrnehmen müssen und sich dann fragen, was zum Teufel eigentlich los ist, dass sie/er so reagiert. (Beide Varianten werden von Schülerinnen und Schülern übrigens sehr deutlich wahrgenommen.)

Vergessen Sie nicht, dass wir dazu neigen, unseren eigenen Fähigkeiten nicht genügend Beachtung zu schenken: Sie sind uns so selbstverständlich, so sehr Teil unserer selbst, dass wir ihren Wert leicht unterschätzen. Sie denken, Sie könnten nicht viel? Schreiben Sie es auf, und Sie werden sich wundern, wie viel Ihnen einfällt!

Selbst- und Fremdwahrnehmung

Der Blick auf Ihre Motive, Ihre Ziele, Ihre Vorlieben und Abneigungen und auf Ihren Umgang damit ist auch hier unerlässlich, zumal Selbst- und Fremdwahrnehmung weder deckungsgleich noch statisch sind und einander zudem bedingen.

Lassen Sie uns einen Blick auf das sogenannte »Johari-Fenster« werfen. Die Vorstellung einer (dynamischen) Selbst- und Fremdwahrnehmung wird hier folgendermaßen dargestellt:

- was ich über mich weiß und anderen gegenüber preisgebe
- was ich über mich weiß, aber nicht preisgebe
- was andere in mir sehen, von dem ich selbst nichts weiß
- was wahrscheinlich vorhanden ist, von dem weder ich selbst noch andere wissen

Blinde Flecken haben wir alle, und so ist leicht vorstellbar, dass unsere Mitmenschen Dinge an uns wahrnehmen, von denen wir selbst nichts wissen:

Frau Hahn, Frau Leisen und Frau Kiep stehen während der Unterrichtszeit am Kopierer im Lehrerzimmer: Frau Hahn kopiert Arbeitsblätter für ihren jetzt laufenden Unterricht im Jahrgang 6, Frau Leisen hat gerade von einem Schüler einen Elternbrief bekommen, den sie sofort an alle verteilen möchte, und Frau Kiep wartet darauf, dass auch sie Arbeitsblätter für die jetzt laufende Unterrichtsstunde kopieren kann. Als Frau Hahn das Lehrerzimmer verlässt, aber noch in Hörweite ist, sagt Frau Kiep laut und deutlich verärgert: »Was für eine Unverschämtheit, kann die sich nicht vorher vorbereiten?« Frau Leisen reagiert nicht, weil sie aus Erfahrung weiß, dass Frau Kiep den Hinweis darauf, dass dies für sie alle drei gelte, nicht verstehen und sich stattdessen gekränkt fühlen würde.

In diesem Beispiel lässt sich die Inkongruenz auflösen:

Frau Wagner hält sich selbst für freundlich und aufgeschlossen, was ihr in der Regel auch bestätigt wird. Gelegentlich hört sie aber auch von ihren Schülerinnen und Schülern: »Sie gucken immer so böse!« Zunächst ist Frau Wagner konsterniert, sie denkt darüber nach und findet heraus, dass sie beim Nachdenken den Hang hat, jemanden unbewusst anzustarren. Irgendwann steht sie im Badezimmer vor dem Waschbecken und sieht gedankenverloren in den Spiegel. Eine ihr unbekannte Frau blickt ihr finster entgegen. Jetzt weiß sie genau, was die Schülerinnen und Schüler meinten, sie sagt es ihnen, erklärt den Zusammenhang, und sie kann diese Wahrnehmung künftig handhaben.

Dem »Johari-Fenster« entspricht ein Modell aus der Kommunikationslehre. Vielleicht erinnern Sie sich aus Ihrer eigenen Schulzeit noch an Herrn Schulz von Thun und die vier Ohren? Er benennt die vier Seiten (Ohren) einer Botschaft so:

- Sach- oder Informationsebene (um welche Sache es geht)
- Beziehungsebene (wie man zueinander steht)
- Selbstoffenbarung (was man von sich preisgibt)
- Appell (wozu man seinen Gesprächspartner veranlassen möchte)

Zur Veranschaulichung wird in Lehrwerken für den Deutschunterricht für die Einheit »Kommunikationslehre« das Ihnen vermutlich noch bekannte Beispiel verwendet:

Sie sitzen im Auto und stehen vor einer Ampel. Ihr Beifahrer sagt: »Es ist grün.«

Ich lasse Schülerinnen und Schüler entweder die Situation spielen oder bitte einige von ihnen, den Satz »Es ist grün.« so zu betonen, wie sie es für situationsangemessen halten: Mal steht dann die Sachinformation im Vordergrund (»Es ist grün.«), mal der Appell (»Du kannst fahren.«). Spannend wird es in den Bereichen Beziehung

(»Du kannst nicht Autofahren.«) und Selbstoffenbarung (»Ich kann das viel besser.«), deren Aussagen über die entsprechende Betonung transportiert werden und die äußerst aufschlussreich sind, auch und besonders bezogen auf geschlechtsspezifische Unterschiede. »Selbstoffenbarung« beinhaltet zweierlei, nämlich das, von dem ich möchte, dass Sie es sehen (wie gut ich selbst Auto fahren kann), und damit das, woran ich Sie unbeabsichtigt teilhaben lasse (Mangel an Respekt oder Empathie, auch Selbstüberschätzung).

Behalten Sie im Gedächtnis, dass Äußerungen eher Aufschluss über den Sprecher als über den Adressaten geben: Sie spiegeln seine Sicht auf die Sache oder das Problem, sein Verständnis von Beziehungen, seine Erwartungen und gelegentlich auch seine Befürchtungen.

Also bedenken Sie bitte: Es handelt sich nicht um Ihren Schuh, sondern um das Rollenverständnis Ihres Gegenübers und dessen Sicht auf Beziehungen.

Zur Verdeutlichung folgende Situation:

Frau Piper legt in ihrer Schule eine Mappe für die Referendarinnen und Referendare an, die alle notwendigen formalen Informationen enthält, die zur Korrektur von Klassenarbeiten in allen Fächern nötig sind, sodass jeder sie sofort zur Hand hat. Sie möchte damit sich selbst, aber auch allen anderen die Arbeit erleichtern. Eine Kollegin nimmt die Mappe zur Kenntnis und sagt: »Oh, wie gut, dann muss ich mich um so etwas nicht mehr kümmern, danke!« Herr Meyer nimmt sie ebenfalls zur Kenntnis und spricht Frau Piper an: »Wer hat dich damit beauftragt?«

Wird Ihr Umfeld eher durch die Kollegin repräsentiert, ist der Austausch offen und unproblematisch. Wenn Sie etwas ausprobieren möchten, können Sie dies tun. Die Wahrnehmung Ihrer Person wird durch die Sache bestimmt, die Sie tun, und durch deren Nutzen für andere.

Ist eher Herr Meyer ein typischer Vertreter, finden Sie Kommunikationsstrukturen vor, die der Entschlüsselung bedürfen. Die Wahrnehmung Ihrer Person wird hier bestimmt durch

a) die Rolle, die Sie einnehmen, deren Grenzen und deren Status innerhalb der Hierarchie und

b) durch das Verhältnis, das Herr Meyer zur betreffenden Sache in Verbindung mit sich selbst, aber auch mit Ihnen hat. Er wird Sie als Bedrohung empfinden, denn indem Sie etwas tun, machen Sie aus seiner Sicht deutlich, dass er es nicht tut, weshalb er sich auf einen »Auftrag« beruft bzw. berufen muss.

Inwieweit Sie sich anpassen möchten, liegt bei Ihnen. Glauben Sie aber nicht, dass es dadurch leichter würde! In jedem Fall würden auch Ihren Äußerungen versteckte Botschaften unterstellt werden, wenn dies den hier üblichen Kommunikationsstrukturen entspricht.

Haben Sie aber erst den »Code« geknackt, sind Sie dennoch ein großes Stück weiter, weil Sie dann wissen, wozu genau Sie sich verhalten müssen und Ihr Vorgehen planen können: Das kann z. B. sein, zu den betreffenden Personen Abstand zu halten, aber auch die Einübung einer bestimmten sachbezogenen Sprechhaltung – was immer zu Ihnen passt! Bleiben Sie in jedem Fall bei sich selbst; Sie wissen schon aus Ihrem Privatleben, dass Sie niemanden ändern können. Im folgenden Beispiel, einem kleinen, aber signifikanten Vorfall, wird ein Versuch von Anpassung deutlich:

Frau Wolf, Herr Fischer und Herr Risse bereiten die bereits erwähnte Jahrgangsfahrt im Jahrgang 6 vor. Dazu findet für alle Eltern des Jahrgangs ein Elternabend statt. Frau Wolf und Herr Fischer haben diese Fahrt schon einige Male gemacht, Herr Risse ist neu im Schuldienst und macht sie zum ersten Mal. Auf die Frage eines Elternteils danach, wo die Kinder etwas zu trinken bekommen können, antwortet er, dass man Getränke dort kaufen könne. Daraufhin ergreift Herr Fischer das Wort und sagt in herablassendem Ton: »Wie kommst du denn darauf? Da kann man nichts kaufen!« Manche Eltern lachen, andere sind verunsichert. In den Wochen danach kann man beobachten, dass Herr Risse – sonst eher etwas barsch und in dem Glauben, jetzt schon alles zu wissen – sich häufig in Herrn Fischers Nähe aufhält und dessen Äußerungen beifällig kommentiert.

Glauben Sie, dass dieser Versuch der Anpassung gelingen wird?

Während seiner Ausbildung hat Herr Risse am meisten darunter gelitten, dass er »sich etwas sagen lassen musste«: Er ist nicht mehr ganz jung, hält sich für gefestigt und lebenserfahren. Er ist also froh, dass er jetzt alleine entscheiden kann und zieht andere folglich nicht zurate. Herr Fischer seinerseits ist nicht jemand, der freiwillig Informationen weitergibt. Allerdings hätte Herr Risse auch von anderen Kollegen und Kolleginnen erfahren können, was bei dieser Fahrt zu erwarten und zu bedenken ist, denn sie gehört zum festen Programm der Schule. Herr Fischer empfindet sich in der Schulhierarchie als relativ weit oben stehend; ein Eindruck, den Herr Risse seit dem Elternabend teilt.

Hier wird also versucht, die Fremdwahrnehmung zu beeinflussen bzw. anzupassen, respektiert und anerkannt zu werden und darüber seinen Platz in der Hierarchie zu finden und zu sichern. Gegenüber anderen Kolleginnen und Kollegen, insbesondere solchen, von denen er sich nicht abhängig fühlt, behält Herr Risse sein barsches Verhalten bei oder ist seinerseits herablassend. Alles klar? Es bleibt zu hoffen, dass Sie dem Rad fahren in der freien Natur den Vorzug geben werden.

Fassen wir noch einmal zusammen: Ich habe zu Beginn darauf verwiesen, dass wir alle mit unseren unterschiedlichen Persönlichkeitsmerkmalen wichtig sind. Problematisch sind Verhaltensweisen, die Sie von sich selbst entfernen, Ihre Autonomie einschränken oder, wie hier, gar konterkarieren. Das Bedürfnis, gemocht oder anerkannt zu werden, ist auch in Verbindung mit einer gewissen Autoritätsgläubigkeit legitim. Das Problem liegt in der Überwertigkeit dieses Bedürfnisses zulasten der eigenen Person – und im Mangel an Reflexion. Wie andere Ihnen begegnen, lässt sich von Ihnen selbst nur bedingt steuern, weil es häufig eben nicht (nur) um die anstehenden Sachfragen geht. Kommunikation enthält immer einen Inhaltsaspekt (die Sache) und einen Beziehungsaspekt (wie Sie zueinander stehen). Beide bedingen einander zwar – versuchen Sie möglichst dennoch, sich auf die Ebene der Sachfrage zu konzentrieren. Sie könnten sich im Beziehungsdschungel verirren, wenn die persönliche Kränkung statt der Sache im Zentrum steht. Lässt sich Ihr Gegenüber auf den Sachaspekt nicht ein, ist jede Mühe (vorläufig) vergeblich. In Kollegien mit solchen Strukturen wird auch Ihre Empathiefähigkeit mit großer Wahrscheinlichkeit missverstanden und stattdessen als Bedrohung („Was will er von mir?“ oder „ Welches Ziel verfolgt sie?“) wahrgenommen werden.

Dort, wo Wertschätzung mit den Beziehungen untereinander oder dem hierarchischen Gefälle gekoppelt ist, sollten Sie gezielt nach anderen Möglichkeiten der Anerkennung für sich und Ihre Arbeit suchen.

Das Vorbild

Egal, ob Sie dies mit dem »Kategorischen Imperativ« assoziieren oder mit dem entsprechenden Poesiealbenspruch: Es ist immer noch Teil der Lehrerpersönlichkeit, und Sie sollten ein Vorbild in der Art und Weise sein können, die zu Ihnen passt. Nicht zuletzt deshalb ist es wichtig, sich seiner Wertvorstellungen in Korrespondenz mit dem eigenen Verhalten bewusst zu sein. Jemand, der von Schülerinnen und Schülern oder Kolleginnen und Kollegen Verlässlichkeit fordert, sie aber selbst nicht erfüllt, wird irgendwann ein Problem mit seiner Glaubwürdigkeit bekommen.

Wie Sie selbst sich verhalten, ist meistens, egal in welchem Zusammenhang, von deutlich größerem Einfluss als das, was Sie sagen – aber ein erkennbarer Widerspruch wird immer zu Ihren Lasten gehen. Fragen bezogen auf die Vorbildfunktion stellen sich auch in völlig banalen Situationen:

- Es fällt Ihnen schwer, pünktlich zu sein – wie gehen Sie mit Schülerinnen und Schülern um, die zu spät kommen?
- Sie benötigen im Unterricht erst einmal einen Kaffee – wie gehen Sie mit Kaffee trinkenden Schülerinnen und Schülern um? Machen Sie einen Unterschied zwischen Mittel- und Oberstufe?
- Sie haben im Unterricht immer eine Wasserflasche dabei, weil der Flüssigkeitsverlust sonst zu hoch ist – ist das etwas anderes, als Kaffee zu trinken?
- Sie müssen im Unterricht auf die Toilette – dürfen Ihre Schülerinnen und Schüler das auch?

Sie sehen, der Zwang, bewusste Entscheidungen zu treffen, zieht sich durch Ihren gesamten Arbeitsalltag. Das wird in dieser Form aber nicht von Dauer sein; viele Entscheidungen (wie die obigen) treffen Sie nur einmal. Manche Entscheidungen sollten allerdings immer wieder neu geprüft und getroffen werden, wenn Sie nicht erstarren wollen. Ihre Haltung, Ihr Verhalten haben immer Auswirkungen. Betrachten Sie die folgenden Beispiele:

A

Frau Geiß kommt am Montagmorgen in den Klassenraum der 11a. Die Schülerinnen und Schüler sind offensichtlich völlig unausgeschlafen und entsprechend träge, und auch sie selbst ist heute ganz ungewöhnlich müde, sodass sie glaubt, ihre Lerngruppe nicht wie sonst motivieren zu können. Sie setzt sich an das Pult und sagt nach der Begrüßung: »Heute sind wir alle ein bisschen müde, ich auch. Wir werden deshalb mit einer Konzentrationsübung einsteigen, damit wir erst einmal richtig wach werden. Anschließend ...«

B

Herr Weiß kommt am Montagmorgen in den Klassenraum der 11b. Die Schülerinnen und Schüler sind offensichtlich völlig unausgeschlafen und entsprechend träge, und auch er selbst ist heute ganz ungewöhnlich müde, sodass er glaubt, seine Lerngruppe nicht wie sonst mitziehen zu können. Er setzt sich auf das Pult und sagt nach der Begrüßung: »Heute haben wir ja wohl alle keine Lust, wir lassen es deshalb mal langsam angehen. Wie sieht's mit den Fußballergebnissen aus?«

Das Vor-Bild ist durchaus wörtlich zu nehmen; mit dem, was Sie vormachen, setzen Sie ein Signal. Überlegen Sie also immer, welches Signal Sie aussenden möchten! Möchten Sie auf die Befindlichkeiten Ihrer Schülerinnen und Schüler überhaupt eingehen? Mit welchem Ziel wollen Sie das? Wie wird sich Ihr Verhalten auf künftigen Unterricht auswirken, wenn der Eindruck entsteht, Sie ließen sich »ablenken«?

Es wäre hilfreich, wenn Sie sich die Frage stellen würden, welche Ansprüche Sie an sich selbst stellen und welche an andere; welche Freiräume Sie für sich beanspruchen, welche Sie anderen einräumen und wie Sie sie definieren. Das gilt nicht nur für den Unterricht: Sind Sie der Auffassung, dass Kolleginnen und Kollegen, die lesend oder korrigierend geistesabwesend in Konferenzen sitzen, überzeugen, wenn sie von ihren Schülerinnen und Schülern Aufmerksamkeit im Unterricht verlangen?

Ängste

Nicht nur Sie werden von Ängsten begleitet, sondern wir alle: Da sind latente oder manifeste, alte und neue, reale und irrationale. Das ist normal. Gelingt es uns, einige von ihnen zu demaskieren und ihnen ins Gesicht zu schauen, sind wir auf unserem Weg ein großes Stück weiter. Andererseits gibt es auch hilfreiche Ängste: Wir können sie als freundliche Begleiter betrachten, die Grenzen aufzeigen oder Warnsignal sein können.

In Ihrem besonderen Fall kommt hinzu, dass sich eine Ihnen bekannte Welt durch den Seitenwechsel verfremdet hat, sodass Ihre Rolle zunächst noch wie ein schlecht sitzendes Kleidungsstück sein kann, das der Änderung bedarf. Da es mit Ihnen wachsen soll, werden Sie noch öfter zu Nadel und Faden greifen müssen.

Wenn Sie erkennen können, was Sie ängstigt, können Sie herausfinden, wie dem zu begegnen ist. Auf die Dauer hilft es nicht, die Schultern zu straffen und das Kinn zu heben: Das erfordert eine Anstrengung, die sich im Laufe der Zeit verselbstständigt. Das Credo »Ich habe damit kein Problem« macht ganz im Gegenteil deutlich, dass der Sprecher ein Problem hat. Wenn Sie sich mit einer unhaltbaren Situation arrangiert haben oder wenn Sie über gravierende Missstände hinwegsehen, weil Sie sich nicht damit auseinandersetzen wollen, wird sich Ihr Ärger gegen die Person richten, die dies anspricht und Sie damit aus der scheinbaren Ruhe aufschreckt: Köpfen Sie nicht den Boten, das würde nichts ändern; überlegen Sie stattdessen, wie Sie weiter verfahren möchten.

Ängste begleiten Sie, kaum dass Sie die Tür öffnen: Da sind Sie, noch ganz neu, und da ist Ihre Lerngruppe, die Sie neu-gierig erwartet und mit Argusaugen alles verfolgt, was Sie sagen und tun. Möglicherweise ist Ihr Gedächtnis so überaus unfreundlich, Ihnen gerade in diesem Moment eine Erinnerung daran zu präsentieren, wie Sie Herrn X oder Frau Y in Ihrer eigenen Schulzeit »fertiggemacht« haben. (Richten Sie sich darauf ein, dass Ihr Gedächtnis Ihnen gelegentlich solche Streiche spielen wird!)

Sie betreten also diesen Klassenraum zum ersten Mal – und was tun Sie dann? Verwenden Sie Zeit darauf, sich zu überlegen, was zu einer Vorstellung gehört! Sie möchten informieren, aber nicht Ihr Privatleben ausbreiten; Sie möchten Nähe ermöglichen, aber nicht zu Vertraulichkeiten einladen. Die junge Biologielehrerin, die sagt: »Mein Name ist Jana Meier und meine Lieblingstiere sind Hunde« kann dies in der Jahrgangsstufe 5 tun. Doch würde das genügen? In der Oberstufe dagegen würde der Satz für Gelächter sorgen.

Erlauben Sie den Schülerinnen und Schülern, sich ein Bild zu machen (sie tun es sowieso). Unbeabsichtigt liefern Sie unzählige Informationen, darunter: Wie stehen Sie, wie sitzen Sie, wie bewegen Sie sich, wie ist Ihre Gestik und wie Ihre Mimik? Ist Ihre Stimme fest oder unsicher, laut oder leise? Wie sind Sie gekleidet? In jedem Bereich des Lebens werden solche Informationen automatisch erfasst und verarbeitet – sehen Sie zu, dass einige davon in Ihrem Ermessen liegen! Ein Beispiel für die nicht beabsichtigte Information ist dieses:

Frau Arbor sitzt am Pult. Im Laufe der Stunde stellt sie fest, dass die Schülerinnen und Schüler des Jahrgangs 12 immer wieder verstohlen zu ihr hinsehen, und irgendwann sieht sie selbst an sich hinunter, entdeckt die Birkenstocks, die sie normalerweise als Hausschuhe trägt, und sagt: »Oh, ich habe heute Morgen vergessen, meine Schuhe anzuziehen.« Die Schülerinnen und Schüler lachen erleichtert: »Wir haben schon gedacht, dass Sie unter die Ökos gegangen sind!«

Diese Situation ist älteren Datums. Der Gegenstand wäre heute sicher ein anderer, aber die Botschaft bleibt: Ehe Sie sich's versehen, sind Sie fein säuberlich sortiert in einer Schublade gelandet.

Der erste Eindruck hat natürlich nicht für immer Bestand, aber er hält relativ lange an. Sorgen Sie dafür, dass Sie davon profitieren. Achten Sie darauf, dass Sie sich selbst nicht widersprechen: Ihre Körperhaltung, Ihr Gang, Ihre Gestik und Mimik sollten im Sinne von Authentizität mit dem, was Sie vermitteln wollen, übereinstimmen.

Auch die Angst, sich lächerlich zu machen, ist eine ziemlich verbreitete. Sie kann dazu führen, dass Sie alles vermeiden, was Sie nicht kontrollieren können. Da dies kaum möglich ist, legen Sie vielleicht die Schutzschilde schon im Vorfeld an – und überlassen damit Ihren Ängsten die Vorherrschaft. Wollen Sie das? Und überhaupt: Ob Sie sich lächerlich machen, liegt ganz überwiegend in Ihrer Hand, denn was andere bei Ihnen als lächerlich empfinden, wird zu einem großen Teil von Ihrem Verhältnis dazu bestimmt. Haben Sie Angst, sich lächerlich zu machen, wenn Sie etwas Unpassendes sagen, etwas Falsches tun, etwas nicht wissen? Warum? Würden Sie das bei jemand anderem ähnlich beurteilen wie bei sich selbst? Zudem ist nichts wirklich planbar, und der (Lehrer-)Alltag hat seinen ganz eigenen Sinn für Humor:

Frau Claudius wäre auf der Treppe beinahe gefallen und kann sich gerade noch fangen. In den Gesichtern der Schülerinnen und Schüler, die dies beobachten, spiegelt sich erst Besorgnis, dann unterdrücktes Gelächter. Frau Claudius wendet sich ihnen zu und bemerkt: »Ihr dürft ruhig lachen.«

Wie würden Sie handeln? Stellen Sie sich vor, Sie fallen wirklich hin und die Schülerinnen und Schüler lachen. Lachen Sie mit oder fühlen Sie sich lächerlich gemacht? Eine Standardvokabel fällt Ihnen nicht ein, der sorgfältig geplante Versuch verursacht ein ungeplantes Feuerwerk – wie gehen Sie damit um? Ist es Ihnen peinlich, wenn Ihr Rücken weiß ist, weil Sie sich unbeabsichtigt an die Tafel gelehnt haben? Ich hoffe nicht!

Wo Einzelkämpfertum immer noch mehr Regel als Ausnahme ist, macht sich das Fehlen eines Korrektivs bemerkbar: Wer sagt Ihnen, was richtig oder falsch, was nachhaltig ist? Woran können Sie erkennen, was Sie (und die Lerngruppe) weiterbringt, wie können Sie eine Beziehung herstellen, die für beide Seiten befruchtend ist (denn auch Sie lernen ja von den Schülerinnen und Schülern)?

Die immer noch vorhandene Freiheit in einem Beruf, in dem man im Wesentlichen (noch) alleine agiert, hat ihren Preis: Der kann Unsicherheiten oder sogar Ängste auf den Plan rufen. Sie erkennen dies an Verhaltensweisen wie sich grundsätzlich nicht in die Karten schauen lassen zu wollen, keine anderen Wege als den eigenen zu akzeptieren oder auch in der Herablassung gegenüber anderen (»Ich stärke meine Position, indem ich deine schwäche«).

Wenn Sie aber diese Freiheit für sich ergründen, Grenzen erkennen bzw. festlegen und das Bedürfnis nach Unterstützung nicht als Schwäche, sondern als Stärke definieren, haben Sie gute Aussichten, sie souverän nutzen zu können.

Für Ängste sorgt im Allgemeinen auch das Unbekannte: Sie können es weder vermeiden noch kontrollieren. Einiges können Sie in Bekanntes verwandeln und damit leichter handhaben. Am unberechenbarsten (und damit ein erstklassiger Nährboden für Ängste aller Art) sind die Beziehungen:

Frau Sievers stellt in ihrer Lerngruppe Spannungen fest, die sie nicht ergründen kann und die die Beziehungen untereinander und auch zu ihr beeinträchtigen. Als sie feststellt, dass sie alleine nicht mehr weiterkommt, schildert sie die Situation ihrer Kollegin Lenz und bittet sie zu hospitieren. Frau Lenz beobachtet eine Unterrichtsstunde, und anschließend werden ihre Wahrnehmungen gemeinsam besprochen und ausgewertet.

Hier wird möglichen Ängsten im Vorfeld der Garaus gemacht. Natürlich ist dies nur dann hilfreich, wenn erstens ein Vertrauensverhältnis besteht und wenn zweitens davon ausgegangen werden kann, dass die hospitierende Kollegin über bestimmte Kompetenzen verfügt. Ist dies nicht der Fall, kann auch Folgendes dabei herauskommen:

Frau Wirth stellt in ihrer Lerngruppe Spannungen fest, die sie nicht ergründen kann und die die Beziehungen untereinander und auch zu ihr beeinträchtigen. Es findet ein Unterrichtsgespräch zu diesem Thema statt, das nichts ergibt: Die Schülerinnen und Schüler äußern sich vage bzw. sagen, sie hätten nichts bemerkt. Als Frau Wirth feststellt, dass sie alleine nicht mehr weiterkommt, schildert sie die Situation ihrer Kollegin Miersch, weil diese die Lerngruppe kennt, und bittet sie, ein Gespräch mit der Gruppe zu führen. Frau Miersch betritt den Unterrichtsraum und verkündet: »Ihr seid ja größtenteils selbst schuld!«

Unnötig zu sagen, dass hier nichts geklärt wird. Fragen wie
- Was ist passiert?
- Wie komme ich an die Schülerinnen und Schüler heran?
- Wie schaffe ich eine konstruktive Unterrichtsatmosphäre?

bleiben Frau Wirth erhalten. Dadurch, dass ihre Lerngruppe in Richtung »Schuld« gelenkt wird, bleibt ihr jetzt mehr zu lösen als zuvor. Die Situation wird sie möglicherweise die eine oder andere Stunde Schlaf kosten und ihren Ängsten ein prachtvolles Wachstum bescheren.

Dass ihr eigener Klärungsversuch keinen Erfolg hatte, kann zwei mögliche Ursachen haben: Sie hat entweder zu lange gewartet, oder sie hat nicht hinreichend deutlich gemacht, welches Ziel sie mit diesem Gespräch verfolgt. Sollte sie außerdem ihre persönliche Betroffenheit in den Mittelpunkt gestellt haben, sinken die Aussichten auf Erfolg geradezu automatisch. Ist sie auch noch angstbesetzt, rutschen die Werte in den Minusbereich. Persönliche Betroffenheit kann nur dann zum Erfolg führen, wenn sie echt ist, sparsam dosiert wird und bei einem klar umrissenen punktuellen Verstoß gegen allgemeingültige Regeln oder bei einem Vertrauensbruch zum Tragen kommt.

Laden Sie eine kompetente Beobachterin oder einen kompetenten Beobachter in Ihren Unterricht ein. Wenn Sie wirklich Aufschluss haben wollen, sollten Sie vermeiden, sich jemanden auszusuchen, der die Dinge genauso handhabt wie Sie – er oder sie wird die Lücken, wird die Kommunikationssituation, die Beziehungen oder Ihre blinden Flecken nicht unbedingt erkennen. Wenn Sie Bestätigung haben wollen, wäre allerdings genau diese Person die richtige – aber hilft Ihnen das wirklich weiter?

Wie Sie wissen, hat jedes Handeln Auswirkungen, völlig wertfrei, eben nur Folgen. Wenn Sie sie bemerken, sollten Sie nicht aus Angst die Augen verschließen, sondern diese Folgen im Blick behalten: Dann werden Sie leichter erkennen, was (nicht) zu tun ist. Sollten Sie in Ihrem Unterricht beobachten, dass es da Störfeuer gibt, machen Sie sie zeitnah zum Thema, statt sich selbst der Angst vor der Situation auszuliefern und wegzuschauen. Hier ist auch Authentizität gefragt:

Wenn Sie deutlich machen können, dass es Ihnen um nichts anderes geht als darum, Störungen zu beseitigen und das bestmögliche Unterrichtsklima zu ermöglichen, und dass Sie auch bereit sind, Ihren Teil dafür zu tun, werden Ihre Lerngruppen Ihnen in der Regel folgen – es sei denn, wie gesagt, Sie warten zu lange. Ihr Korrektiv besteht aus Ihren Lerngruppen; ein anderes haben Sie zunächst nicht. Nutzen Sie es!

Auch hier, bei Störungen auf der Beziehungsebene, müssen Sie immer wieder entscheiden: Sie können Ihren Unterricht ungeachtet der Störung fortsetzen, Sie können darauf eingehen und versuchen, die Situation zu verändern oder sie nehmen, wie sie ist – wobei es wie überall einen Unterschied macht, ob Sie sie hinnehmen oder annehmen.

Sie können Teile von Interaktion steuern, aber die Auswirkungen sind nicht immer zu überblicken: Wie Wasser suchen sie sich überall ihren Weg, und scheinbar plötzlich könnten Sie vor einer Überschwemmung stehen. Und wo bekommen Sie jetzt einen Aufnehmer her? Brauchen Sie ihn überhaupt, oder trocknet das von alleine? Überlassen Sie die Entscheidungen nicht Ihren Ängsten und damit Vermeidungsstrategien, überlegen Sie stattdessen ungeachtet Ihrer Ängste, was zu tun ist: Wenn Sie handeln könnten, wie Sie wollen, wie würden Sie dann vorgehen? Was hindert Sie daran? Trauen Sie sich etwas zu, überlegen Sie sich, was Sie können, und trauen Sie sich, etwas zu dürfen.

Freiheit bedarf der Definition, sonst bleibt sie ein Vakuum. Sie kann in Hilflosigkeit münden, wenn aus »ich darf« und »ich kann« »ich muss« wird; in dem Fall hätten Sie keine Wahl mehr. Füllen Sie also Ihren Freiraum, gestalten Sie ihn, überlegen Sie, wozu Sie Ihre Freiheit nutzen möchten. Das System Schule lädt von seiner Anlage her zur Selbstausbeutung ein – setzen Sie Grenzen, haben Sie auch den Mut, »Nein« zu sagen, schaffen Sie Distanz.

Wenn Sie etwas aus dem Gefühl heraus, überfordert zu sein, ablehnen, bringt Sie das in eine Zwangslage. Definieren Sie, was Sie (nicht) wollen, und entscheiden Sie aus einer klaren Position heraus: »Das will ich (nicht), weil …« – das fühlt sich ganz anders an als »Ich kann nicht, weil …«. Finden Sie heraus, wo Sie sich wirklich anpassen müssen und wo Sie etwas einfordern können.

Hier kann unter anderem das entsprechende Schulgesetz durchaus von Nutzen sein. Mir ist völlig klar, dass es sich um ein eher lästiges Werk handelt, dessen Studium einiges an Zeit kostet und dessen Implikationen sich nicht sofort erschließen. Sie sollten deshalb, neben den Verordnungen, die Sie ohnehin benötigen, entscheiden, welche Aspekte Ihnen wichtig sind, d. h. wo Sie sich unsicher fühlen. Wenn eine Ausgabe mit Stichwortregister verfügbar ist, erleichtert Ihnen das die Arbeit; Sie können gezielt nachschlagen, was Sie brauchen. Stellen Sie sich zum Beispiel vor:

An Ihrer Schule wird häufig sehr kurzfristig zu Konferenzen eingeladen, diesmal erfolgt die Einladung von einem Tag auf den nächsten. Da die Konferenz mit »Austausch« betitelt ist, ist sie nicht besonders dringlich. Sie haben zu Hause keine Betreuung für ihr Kind; Sie müssen Ihren Hund versorgen; Sie haben Besuch aus Übersee. Vielleicht haben Sie sich auch einfach nur etwas anderes vorgenommen. Was auch immer es ist: Sie fühlen sich unter Druck, und das drückt Sie an die Wand.

Was tun Sie? Sie könnten trotzdem hingehen und sich schlecht fühlen. Sie könnten darum bitten, Ihr Kind versorgen zu dürfen (oder vielleicht suchen Sie unerwartete Kopfschmerzen heim), nach Hause fahren und sich schlecht fühlen. Sie könnten aber auch wissen, dass die Konferenzordnung eine Bestimmung zu Ladefristen beinhaltet, die hier nicht eingehalten wird. Sie können immer noch darum bitten, Ihr Kind versorgen zu dürfen, aber Sie werden sich bedeutend besser fühlen. Sie könnten außerdem auf den entsprechenden Passus hinweisen, falls Sie dies ungefährdet tun können.

Ein weniger verfängliches Beispiel ist: Während einer Klassenarbeit erwischen Sie Saskia beim Spicken, und Sie sind verärgert. Was tun Sie? Auch hier gibt es Regelungen, die Sie nachschlagen und anhand derer Sie entscheiden können, was Sie tun möchten.

Unwissenheit verunsichert und kann für Ängste sorgen – sorgen *Sie* dafür, dass Sie sich auch hier bestmöglich um sich selbst kümmern.

Es gibt Schulen, in denen Abläufe oder Entscheidungen selbstverständlich Personalinteressen berücksichtigen, und es gibt solche, in denen sich niemand darum kümmert, wenn es die Kolleginnen und Kollegen nicht selbst tun.

Versetzen Sie sich in die Lage, höflich, aber bestimmt Grenzen setzen zu können, auch was Aufsichten und Vertretungsregelungen anbelangt, wobei Ausnahmen selbstverständlich möglich, aber eben Ausnahmen sind.

Wenn Sie in der »freien Wirtschaft« arbeiten wollten, würden Sie sich Ihren Arbeitsvertrag auch jenseits der Dotierung sehr genau ansehen wollen. Wenn Sie können, betrachten Sie es so: Das Schulgesetz *ist* Ihr Arbeitsvertrag! Je mehr Wissen Sie sich über das System Schule aneignen, desto freier und souveräner können Sie agieren, auch wenn Sie nach wie vor reflektieren, abwägen und entscheiden müssen.

Sie können natürlich auch fragen, das ist – zumindest für Informationsfragen – selbstverständlich. Es ist aber in Ihrem Interesse, dass Sie sich Wissen aneignen: Wenn Sie nach fünf Jahren Unterricht in einem Hauptfach mit Klassenleitung nicht wissen, wie die Versetzungsregelungen lauten, kann dies nicht in Ihrem Interesse sein, denn es wird nicht nur das Bild, das andere von Ihnen haben, beeinträchtigen: Der Verlust an Achtung ruft neue Ängste auf den Plan und richtet einen kaum wiedergutzumachenden Schaden an.

Wenn Sie noch in der Ausbildung sind, haben Sie es darüber hinaus mit einem Bündel sehr konkreter Ängste zu tun. Ihre Ausbilderin oder Ihr Ausbilder hat die Macht und Sie damit in der Hand – oder doch nicht? Müssen Sie befürchten, dass Ihre Noten an Ihr Verhalten Ihren Ausbildern gegenüber gebunden sind? Leider ist dies gelegentlich der Fall – prüfen Sie dies, bevor Sie sich Gedanken darüber machen, wie Sie sich entlasten oder für Unterstützung sorgen können. Gehen Sie aber nicht vorschnell davon aus, dass Ihre Ausbilderinnen/Ihre Ausbilder sich tatsächlich so wenig professionell verhalten.

Sie befinden sich in einer Situation, in der Sie sich häufig korrigieren lassen müssen. Sie entspricht nicht unbedingt Ihrem Alter und Ihrer Lebenserfahrung, und Sie hatten eigentlich gehofft, dass diese Phase Ihres Lebens abgeschlossen sei. Das erschwert es, Kritik annehmen zu können, zumal, wenn sie so gehäuft auftritt. Betrachten Sie es als Übung: Unterscheiden Sie zwischen konstruktiver Kritik und solcher, die Sie als destruktiv empfinden. Versuchen Sie, für sich und im Austausch mit anderen zu klären, ob die Ursache dafür, dass Sie eine bestimmte Kritik als destruktiv wahrnehmen, bei Ihnen, in der Sache, beim Gegenüber oder in den jeweiligen Beziehungsfeldern liegt. Wenn Sie zu der Überzeugung gelangen, dass Ihre Ausbilderin/Ihr Ausbilder sich anders verhalten könnte, machen Sie dies zum Thema, und lassen Sie Ihr Verhalten nach Möglichkeit nicht von der Angst um eine bestimmte Note leiten: Sie können sich auch hier Achtung verschaffen.

Frau Donner hat einen Unterrichtsbesuch im Fach Religion. In der Stunde arbeitet sie unter anderem mit Standbildern. Bei der anschließenden Besprechung geht der Ausbilder nicht darauf ein, wie Frau Donner damit umgegangen ist, sondern referiert über die Möglichkeiten, die die Verwendung von Standbildern für den Unterricht bietet. Sie sind, wie sich herausstellt, einer seiner Schwerpunkte, und er breitet seine Kenntnisse en detail aus, während Frau Donner in ihrem Stuhl immer kleiner wird.

Was Frau Donner natürlich benötigt, ist eine konkrete, adressatenbezogene Beratung, die sie hier nicht bekommt. Sie kann danach fragen, ob der methodische Ansatz hier angemessen war oder nicht, und selbst wenn ein »Aber« auf das »Ja« folgt, ist die Zustimmung ausschlaggebend. Wie das methodische Vorgehen dann verfeinert oder modifiziert werden kann, lässt sich durch weitere konkrete Fragen erschließen.

Generell ist der Bereich »Fragen« von nicht zu unterschätzender Bedeutung: Es ist kein Zufall, dass Sie sich manchmal nicht trauen nachzufragen. Das hat auch damit zu tun, dass Sie die Aussagekraft der Frage selbst und die Schlüsse, die sich aus ihr ergeben, nicht immer einschätzen können. Die »richtigen« Fragen jenseits einfacher Informationsfragen können Sie erst dann finden, wenn Sie sich das dafür notwendige Wissen angeeignet und aus Ihren Erfahrungen gelernt haben. Mit anderen Worten, der Frage sollte auch eine Reflexion vorangegangen sein. Sie ahnen schon, dass Ihre Fragen ein viel klareres Bild vom Stand Ihrer Ausbildung und Ihrer Haltung dazu erlauben, als Sie sich vielleicht vorstellen können. Sie können das Fragen üben, indem Sie »Wenn–dann« als Gedankenspiel zulassen: Zerlegen Sie eine Unterrichtssequenz, einen Text oder was auch immer in kleinstmögliche Einheiten und fragen Sie sich selbst z. B., welche Folgen sich für diesen Bereich unter welchen Bedingungen wie ergeben könnten. Das lässt sich überall trainieren, übt zudem logisches Denken und macht Spaß. Außerdem schult es unter anderem Ihren Blick für methodische Alternativen, wie sie in Unterrichtsentwürfen häufig verlangt werden und für die Praxis so nützlich sind.

Bleiben Sie offen für konstruktive Kritik, wenn Sie können, sie wird Ihnen tatsächlich Türen öffnen. Das bezieht auch die Einübung Ihrer eigenen Haltung ein: Wenn Sie hier lernen abzublocken, verschenken Sie Ressourcen, die Ihnen in Ihrem weiteren Berufsleben von Nutzen sein könnten. Wenn Sie dagegen lernen, Kritik anzunehmen und umzusetzen, sind Sie in der Entwicklung einer professionellen Haltung ein gutes Stück vorangekommen. Dieser Beruf verlangt geradezu nach Offenheit, Flexibilität und Dynamik. Verwandeln Sie sich nicht in einen Monolithen, der allem Fluss trotzt (vergeblich, wie wir wissen), sondern bringen Sie Ihre eigene Bewegung mit ein!

Angstbesetzt ist auch gelegentlich der Blick auf andere in Ihrer Situation: Wie werden die ihre Ausbildung meistern? Sind sie besser als Sie? Kommen sie besser an? Solche Gedanken, Sie wissen es schon, sind alles andere als nützlich.

Betrachten Sie Ihre Mitreferendarinnen und -referendare als Unterstützung und als Korrektiv, niemals aber als Konkurrenz. Es kann gar nicht genug gute Lehrerinnen und Lehrer geben, warum sollte es also nur einen begrenzten Vorrat an guten Noten geben? Wenn Sie ein gutes Examen oder eines mit Auszeichnung im Blick haben, ist es völlig egal, ob Ihre Mitreferendarin dies auch tut – es sind genug für alle da, und ob Sie Ihr Ziel erreichen, liegt bei Ihnen, nicht an den anderen. (Einschränkend muss allerdings hinzugefügt werden, dass Ihrer jeweiligen Tagesform mehr Gewicht zukommt, als angemessen ist – es bleibt zu hoffen, dass die Ausbildungsverordnung der Realität angepasst wird.)

Eine weitere Angst äußert sich möglicherweise in Ihrem Bedürfnis, Ihre Unterrichtsplanung so detailliert wie möglich festzuhalten und sich danach zu richten:

Frau Maus hat sich während ihrer Ausbildung für jede Stunde alles genau notiert, auch jeden »spontan« geäußerten Satz, jede Bemerkung im Voraus festgelegt. Inzwischen hat sie ihre Ausbildung beendet, verwendet aber ihre Vorlagen immer noch bei den entsprechenden Unterrichtseinheiten und verfährt auch weiterhin so, dass sie alles im Vorfeld genauestens plant. Auf diese Weise hat sie immer mehr zu tun, als sie bewältigen kann.

Dieses Sicherheitsbedürfnis ist verständlich – die Frage ist, wie hilfreich es ist. Spontaneität lässt sich nicht planen, dazu müssen Sie loslassen können. Hinzu kommt, dass sich der Blick naturgemäß verengt: Wenn Sie eine so genaue Vorlage haben, ist es gar nicht mehr möglich, offen zu bleiben und auf Aspekte einzugehen, die sich im Unterricht ergeben. Für die Schülerinnen und Schüler wird dies ein eher starrer Unterricht sein, vor allem dann, wenn ihre Fragen, sofern sie nicht in das Unterrichtskonzept passen, offen bleiben.

Finden Sie für sich das richtige Maß an Festlegung: Sie benötigen natürlich zunächst ein Geländer, wichtig ist hier z. B. auch der Zeitbedarf. Was Sie aber nicht brauchen, ist ein Gängelband – und ein Korsett schon gar nicht!

Eingangs habe ich mich auf »gute« oder »schlechte« Erfahrungen bezogen. Sollten Sie »schlechte« Erfahrungen (während Ihrer Ausbildung, durch Ihre eigene Schülerbiografie) gemacht haben: Werfen Sie das Adjektiv über Bord! Erfahrungen sind nichts als eben das, und jede Erfahrung birgt eine Chance. Sie haben immer die Wahl!

Ihr Gegenüber

Schülerinnen und Schüler

Beziehungen

Schülerinnen und Schüler als Lerngruppe entwickeln ganz eigene Gruppenstrukturen und Verhaltensweisen, die Sie zum Teil relativ schnell erkennen und einordnen können. Sogar ein ganzer Jahrgang kann bestimmte gemeinsame Merkmale aufweisen, insgesamt z. B. eher zurückhaltend, motiviert oder desinteressiert sein.

Lerngruppen selbst werden in Unterrichtsentwürfen häufig als »heterogen« bezeichnet, was einerseits so klar auf der Hand liegt, dass es sich zu erübrigen scheint. Andererseits wird jedoch gelegentlich trotzdem übersehen, dass es sich bei einer Lerngruppe um eine Anzahl höchst verschiedener Individuen handelt. Wenn Sie einzelne Schülerinnen und Schüler gezielt fördern wollen, ist es unumgänglich, dass Sie sie kennenlernen; ihre Fähigkeiten und Fertigkeiten, ihr Bedarf, ihre Befindlichkeiten und auch ihr Potenzial sind schließlich Teil ihrer Persönlichkeit.

Motivationslage und Verhalten einzelner Schülerinnen und Schüler wenigstens ansatzweise zu entschlüsseln und einzuordnen ist zwangsläufig deutlich schwieriger und langwieriger als auf eine Lerngruppe bezogen, zumal Sie (zunächst) keinen Einblick in die jeweiligen Biografien haben. Außerdem müssen Sie erst Ihre eigenen Beobachtungen machen können, und das erfordert Zeit.

Auch besetzt eine Schülerin oder ein Schüler wie Sie selbst mehrere Rollen: als Mitglied der Gruppe, als Lernende(r), als geschlechtliches Wesen, als Individuum vor einem bestimmten Erfahrungshintergrund. All dies schwingt mit, ist häufig im Widerspruch, manchmal im Einklang.

Und jetzt kommen Sie mit Ihren Erwartungen, Haltungen, Erfahrungen! Sie können sich als Ziel setzen, zu allen eine gleichermaßen gute Beziehung herzustellen, aber seien Sie nicht enttäuscht, wenn dies, insbesondere bei Jugendlichen, nicht gelingt: Sie stehen hier

Menschen gegenüber, deren Erfahrungen, Ideale, Ziele und Träume auch konträr zu Ihren eigenen stehen können. Die einen werden an Ihnen schätzen, was andere nicht mögen, und insgesamt spielen viele Faktoren eine Rolle, die Sie nicht oder kaum werden identifizieren können: Dass Sie möglicherweise die Fensterseite bevorzugen, einfach nur, weil wir generell eher ins Licht schauen, können Sie korrigieren, aber Sie werden nicht jede Ihrer Äußerungen und deren Adressatenbezug, von der Lerngruppe sehr genau wahrgenommen, registrieren können. Also schalten Sie einen Gang runter und entspannen Sie sich – Sie sind schließlich kein Chamäleon.

Dass Sie ein Mensch und von daher fehlbar sind, wird ihnen von den Lerngruppen ohnehin verziehen. Was Schülerinnen und Schüler nicht verzeihen, ist, wenn der Mensch für sie nicht erkennbar ist, Sie nicht zu Ihren Fehlern stehen und nicht daraus lernen – aber das wird nicht in Ihrem Interesse sein. Manchen Ihrer Fehlentscheidungen folgt die Wirkung so schnell, als ob Sie mit dem Auto um die Ecke bögen. Hier können Sie leicht (er)klärend und korrigierend innehalten. Manchmal jedoch lässt die Wirkung auf sich warten, so verzögert, als würden Sie auf einem großen Dampfer das Ruder herumreißen. In einem solchen Fall werden Sie vermutlich gar nicht mehr wissen, warum hier etwas schiefläuft. Verlassen Sie gedanklich den Unterrichtsraum und begeben Sie sich auf die Metaebene: Sprechen Sie über den Unterricht und beziehen Sie Ihre Lerngruppe mit ein! Zwar werden Sie beinahe so viele unterschiedliche Auskünfte erhalten, wie Sie Schülerinnen und Schüler vor sich haben, aber das ist nicht wirklich entscheidend. Wichtig ist, dass Sie sich ihnen zuwenden, die Ernsthaftigkeit Ihrer Absicht erkennen lassen und damit deutlich machen, dass Sie Ihre Lerngruppe respektieren. So oder so ist am Ende eine Vereinbarung möglich.

Es würde Ihnen helfen anzuerkennen, dass Sie als Mensch gleichwertig sind und der Vorsprung sich auf die Felder Wissen, Erfahrung, Beratung, Bewertung und die Orientierung über das aktuelle Schülerinteresse hinaus, das Ziel, beschränkt. Hierbei gilt es aber auch, das eine oder andere zu bedenken: Es gibt relativ viele Kinder und Jugendliche, deren Erfahrungen sich so deutlich von den Ihren unterscheiden, dass Sie es nicht leicht haben werden, einen Anknüpfungspunkt zu finden, und es gibt auch solche, die von Erfahrungen geprägt sind, die Sie sich kaum vorstellen können und die sie ein Leben lang belasten werden. Für sie ist Schule ein Raum, der mit ihrer Lebenswelt nichts zu tun hat und dessen Nutzen sich ihnen nicht (von selbst) erschließt. Hier mag Ihre Empathiefähigkeit an Grenzen stoßen, aber auch die Grenzen unserer Ausbildung und unserer Arbeitsbedingungen werden anhand entsprechender Situationen deutlich:

Herr Bauch hat in einer R7 eine Klassenarbeit zurückgegeben. Der Schüler Heiko nimmt sein Heft in Empfang, wirft einen Blick auf die Note und erklärt gleichmütig: »Na ja, da wird mein Vater mal wieder den Wohnzimmertisch durch die Gegend schmeißen.« Da die Note ein Befriedigend ist, ist Herr Bauch etwas verwirrt. »Das macht er immer so, wenn er voll ist.«, erläutert Heiko.

Das mag ja noch angehen; mehr unter die Haut geht folgende Situation:

In einer Klasse 6 stellt Frau Vogel fest, dass Janina Läuse hat, und dies offensichtlich schon seit längerer Zeit, ohne allerdings bis jetzt jemanden angesteckt zu haben. Die Frage, ob bei ihr jemand zu Hause sei, bejaht Janina, es geht aber niemand ans Telefon. Frau Becker hat gerade eine Freistunde, und da Janina um die Ecke wohnt, bietet sie an, das Kind nach Hause zu bringen. Nach einem längeren Klingelkonzert werden Haus- und Wohnungstür von einer verschlafenen Frau mit verquollenem Gesicht geöffnet, die wütend erklärt, sie habe die halbe Nacht gearbeitet und brauche ihren Schlaf – warum man sie damit behellige? Das Kind habe gefälligst in der Schule zu sein. Damit schließt sie die Wohnungstür und lässt Frau Becker und Janina draußen stehen.

Neben allem anderen, um das sich jetzt gekümmert werden muss, steht Frau Becker da mit einem Kind, dem der Schulbesuch verwehrt bleiben muss, bis es läuse- und nissenfrei ist. Sofortige Hilfe und Unterstützung gibt es in den meisten Fällen nicht.

Nehmen Sie Ihren Schülerinnen und Schülern nicht übel, wenn einige von ihnen Ihr Werteverständnis nicht teilen (können). Sie werden zum Teil auch mit einfachen allgemeingültigen Regeln nicht umgehen können. Viele lernen überhaupt erst hier, was andere schon längst internalisiert haben. Haben Sie Geduld! Setzen Sie einen überschaubaren Rahmen und legen Sie gemeinsam klare Regeln fest.

Wenn Sie Druck machen, mögen Sie an Disziplin gewonnen haben; wenn Ihnen aber an Einsicht und Erkenntnis liegt, mag dies nicht ausreichen. Machen Sie die Auswirkungen von Verhalten in einem für Schülerinnen und Schüler *relevanten* Kontext deutlich. Das ist in der Regel nicht die zu erwartende Note: Die ist zu abstrakt, liegt in zu weiter Ferne und wird, selbst Wochen vor der Zeugnisausgabe, nicht als endgültig betrachtet.

Viele Ihrer Schülerinnen und Schüler sind nicht daran gewöhnt, sich für etwas anstrengen zu müssen, und zu selten machen sie die Erfahrung, dass Mühe sich lohnt – erst recht, wenn sie nur in der Gewissheit besteht, etwas gemeistert zu haben. Häufig wird ihnen im häuslichen Umfeld jede Schwierigkeit abgenommen – aber alles zu vereinfachen, macht das Leben eben nicht einfacher; Widerstände überwinden zu müssen, ist eine unersetzliche Erfahrung. Symptomatisch ist hier z. B. die Angewohnheit mancher Eltern, ihre Kinder zentimetergenau überall hinzufahren und dies als Fürsorge zu betrachten.

Im Bereich Wissen wird es Einzelne geben, die Ihnen auf bestimmten Gebieten voraus sind. Machen Sie sich Spezialwissen zunutze! Fragen Sie danach und beziehen Sie die besonderen Kenntnisse von Schülerinnen und Schülern mit ein. Ob es sich um ein Zeichen- oder Techniktalent handelt, ob jemand der PC-Crack ist oder die Filmexpertin oder ob jemand die Welt des Islam näherbringen kann: Sie und Ihre Lerngruppe können davon nur profitieren. Sollten Sie allerdings nur eine Expertin oder einen Experten in Ihrer Lerngruppe haben, ist es nötig, darauf zu achten, dass er oder sie keine Sonderstellung einnimmt.

Wie gehen Sie übrigens mit Schülerinnen und Schülern um, die zwangsläufig weniger wissen, aber offensichtlich klüger sind als Sie? Wie gehen Sie mit ihnen um, wenn sie noch dazu eher schwierig sind? Sie werden nicht alle Schülerinnen und Schüler gleichermaßen mögen können – aber das trifft schließlich nicht einmal auf Eltern zu. Also entspannen Sie sich auch hier und überlegen Sie sich Maßnahmen für eine professionelle Haltung. Wollen Sie einwenden, dass es im Unterricht nicht um Beziehungen geht? Sie wissen aber aus eigener Erfahrung, dass sie überall, auch in sachorientierten Zusammenhängen, eine Rolle spielen.

Sie werden den Stellenwert von Beziehungen ermessen können, wenn Sie die Zusammenarbeit im Kollegium beobachten oder wenn Sie Ihre Schülerinnen und Schüler zu Gruppenarbeit in der einen oder anderen Form anleiten und dabei verlangen, dass sich die Zusammensetzung der Gruppen nicht (nur) nach den Beziehungen untereinander richtet. Sie wissen – oder Sie werden es feststellen –, dass dies der Übung bedarf. Warum also sollte es Ihnen in einer völlig neuen Situation mit einer Lerngruppe anders ergehen?

Zurück zu den Maßnahmen: Welcher Schülertypus waren Sie selbst? Waren Sie eher rebellisch oder angepasst, fleißig oder faul, zurückhaltend oder dominant? Zu der Schülerpersönlichkeit, in der Sie sich am ehesten wiederfinden, werden Sie eine sehr spezifische Beziehung haben, ebenso zu denen, die damals für Sie selbst von besonderer Bedeutung waren. Aspekte davon, d. h. Teile Ihrer eigenen Schülerbiografie, tragen Sie immer mit sich herum. Wenn Sie sich dessen bewusst werden, können Sie gezielt überlegen, wie Sie damit umgehen wollen. Ganz nebenbei haben Sie hier auch die Chance, sich zu versöhnen.

Sie haben aber das Problem, dass Sie gerade diesen Schüler überhaupt nicht leiden können? Da Sie ja (theoretisch) wissen, dass jeder von uns liebenswerte Eigenschaften hat, könnten Sie sich wieder einmal mit einem Stift hinsetzen und mindestens fünf liebenswerte Eigenschaften dieses Schülers aufschreiben – und Sie werden sie genauso finden, wie Sie Ihre eigenen Fähigkeiten finden konnten. Vielleicht stellen Sie sogar fest, dass Sie insgeheim seinen Mut, den Sie immer als Frechheit betrachtet haben, bewundern. Wenn Sie mit ihm Auseinandersetzungen haben, drehen Sie für jede Stunde zurück auf null, starten Sie neu, lassen Sie nicht zu, dass das Fass überläuft, wenn Sie es verhindern können.

Professionalität bedeutet an dieser Stelle, dass Sie sich als Person zurücknehmen – in Ihrer Funktion, d. h. Ihrer Rolle als Lehrerin oder Lehrer, sollten Sie darauf achten, eine positive Haltung zu all Ihren Schülerinnen und Schüler zu entwickeln. Dies gilt umso mehr, als Sie Einblicke in Zusammenhänge und Hintergründe haben oder gewinnen, die der betroffenen Person in der Regel so nicht möglich sind, und die Selbstwahrnehmung und -einschätzung der Betroffenen ist häufig nicht so positiv, wie Sie vielleicht glauben.

Würde und Achtung

Entscheidend ist also, dass Sie den Schülerinnen und Schülern Respekt entgegenbringen und ihre Würde nicht verletzen. Grenzüberschreitungen, die gleichzeitig unter dem Aspekt Nähe und Distanz betrachtet werden können, sind aber nicht nur bezogen auf Schülerinnen und Schüler an der Tagesordnung:

Herr Kraus hört zu Beginn seiner Unterrichtsstunde von seiner Lerngruppe, dass Milena nicht da sei, weil ihr schlecht sei. Er geht nachsehen und findet sie in der Pausenhalle, umgeben von drei Schülerinnen und der Kollegin Stein: Frau Stein hat der Schülerin die Hand unter das Kinn gelegt, um ihren Kopf zu heben, während sie auf sie einredet. Kaum lässt sie los, sinkt Milenas Kopf wieder nach unten, woraufhin Frau Stein Milenas Kinn ein zweites Mal hebt. Herr Kraus steht zunächst irritiert daneben – Milena ist nicht Frau Steins Schülerin – und sagt dann: »Milena, ich glaube, es wäre besser, du würdest nach Hause gehen.« Frau Stein entgegnet mit scharfer Stimme und ohne sich ihrem Kollegen zuzuwenden: »Du kannst sie nicht nach Hause schicken!«

Hier wird die Distanz in mehrfacher Hinsicht unterschritten: Es gelten die ungeschriebenen Regeln der Zuständigkeit für die jeweils eigenen Schülerinnen und Schüler und dass man Kolleginnen und Kollegen nicht vor ihnen zurechtweist. Dem entspricht die (wiederholte) Distanzlosigkeit gegenüber der Schülerin.

Auch die folgenden Situationen in anderen Zusammenhängen spiegeln zwar den Alltag, aber nicht das, was wünschenswert ist:

Frau Gleim unterrichtet in diesem Schuljahr neu in einer Jahrgangsstufe 9 und legt gemeinsam mit der Lerngruppe Verhaltensregeln fest, wobei jede Seite einbringt, was ihr wichtig ist. Frau Gleim ist unter anderem wichtig, dass Schülerinnen und Schüler, die sie unterrichtet, sie auch außerhalb des Klassenraums grüßen, wie sie selbst das auch tut. Es herrscht einen Moment Schweigen, dann meldet sich Lisa zu Wort: »Wenn wir auf dem Gang grüßen, gibt es nur ganz wenige Lehrer, die zurückgrüßen.« Die anderen bestätigen dies.

Wenn Lisas Wahrnehmung Gültigkeit hat, offenbart sie einen Mangel an Höflichkeit und Achtung. Auch hier kommt das Vorbild wieder ins Spiel – Sie können es im Spiegel Ihrer Schülerinnen und Schüler reflektiert sehen. Bestätigung erfährt Lisas Beobachtung hier:

Frau Muster führt gerade ein Beratungsgespräch mit dem Schüler Alexander, als Frau Diemer auf sie zukommt und ungeachtet der Tatsache, dass sie hier mitten in ein Gespräch platzt, sagt: »Wir müssen unbedingt über die anstehenden Arbeiten im Jahrgang 8 reden.« Bevor sie weitersprechen kann, verweist Frau Muster darauf, dass sie gerade beschäftigt sei, und sagt, sie werde sich später melden.

Eine sehr beliebte Aussage von Unterrichtenden, von Schülerinnen und Schülern häufig kolportiert, ist: »Du gehörst hier nicht her.« Das bekommt der Schüler des Gymnasiums genauso zu hören wie die Schülerin des Realschulzweiges – wobei man sich in kooperativen Gesamtschulen dann häufig höheren Orts darüber wundert, warum die Schülerinnen und Schüler aller Zweige sich nicht gemeinsam als Teil der Schulgemeinde betrachten.

Wie beurteilen Sie diesen schlichten Satz? Was bedeutet er für Sie? Was sind seine Auswirkungen bezogen auf den Schüler und die Schülerin und was sagt er über die entsprechende Lehrkraft und deren Berufsverständnis aus?

Es gibt die These, dass Respektlosigkeit anderen gegenüber einen Mangel an Selbstachtung beinhaltet. Würden Sie diese Annahme für wahr halten? Vielleicht hilft die Umkehrung: Kann jemand andere achten, der sich selbst nicht achtet?

Wie immer Sie dazu stehen: Es kann nicht schaden, die Aussage als wahr zu betrachten, weil sie Ihnen ein zusätzliches Korrektiv in die Hand gibt. Warum schließlich sollten Sie sich wünschen, andere anders zu behandeln, als Sie selbst behandelt werden möchten? Daran können Sie Ihr Verhalten messen.

Wie verhält es sich übrigens mit der gleichen Aussage über einen Schüler, die im Lehrerzimmer geäußert wird? Ist sie genauso zu beurteilen, oder gibt es hier noch andere Komponenten? Wie sehr bestimmen gesellschaftliche Normen, Regeln und Erwartungen unser Verhalten gegenüber Schülerinnen und Schülern? Dazu ließe sich anhand einer vergleichenden Betrachtung von integrierten Gesamtschulen und Gymnasien (und den jeweiligen gesellschaftlichen Zielen, die hier ihre Umsetzung bzw. Ablehnung finden) einiges feststellen.

Doch bleiben wir bei Ihnen und der Frage des Respekts bzw. der Würde: Was halten Sie von den beiden friedliebenden Kollegen, die im Lehrerzimmer sitzen und übereinstimmend feststellen, dass man »diese Jungs doch erstmal nach Afghanistan schicken« solle? Zwar ist grundsätzlich zwischen »Dampf ablassen« und beruflicher Haltung zu unterscheiden, aber auch hier gilt eben, dass bestimmte Haltungen bestimmte Aussagen hervorbringen – selbst wenn Sie nur Dampf ablassen wollen:

A
Frau Meise kommt aus dem Unterricht in die Pause und stöhnt: »Die nerven mich heute so!«

oder:

B
Frau Finke kommt aus dem Unterricht in die Pause und stöhnt: »Ich bin heute so genervt!«

Natürlich kennen Sie die Sache mit den Ich-Botschaften, aber Sie müssen zugeben, dass an diesem Alltagsbeispiel die Verschiebung der Zuständigkeit ganz besonders deutlich wird. Zudem handelt es sich nicht um eine Kommunikation mit Schülerinnen und Schülern (die Frau Meise oder Frau Finke ja bewusst so oder so gestalten könnten), sondern um etwas, das außerhalb der Lerngruppe thematisiert wird. Bei A liegt die Verantwortung bei der Lerngruppe, bei B aber bei der Lehrkraft selbst. Hier wird im Kleinen die jeweilige Haltung mit ihren gar nicht so kleinen Auswirkungen erkennbar.

In vielen Lehrerzimmern kann man hören: »Der ist ja so dumm!« oder »Die ist ja zu blöd zum Lernen!« Was halten Sie davon, derart abfällig über Schülerinnen und Schüler zu sprechen? Müsste nicht die Tatsache, dass jemand mit seinem Unterricht nicht weiterkommt, der Ausgangspunkt für die Frage nach dem Warum und für eine Diagnose (Wo genau steht der Schüler?) mit der entsprechenden Förderung sein?

Wenn Sie auch unter schwierigen Bedingungen etwas erreichen möchten, kommen Sie nicht umhin, zunächst die eigene Haltung zu überdenken: Warum kommen diese Inhalte bei der Schülerin nicht an? Was gestaltet den Kompetenzzuwachs so schwierig? Was muss ich ändern, damit der Schüler mich bzw. sich selbst besser versteht? Sollte ich anders formulieren, anders segmentieren, anders veranschaulichen? Habe ich den Lernprozess sinnvoll angeleitet? Welche anderen Möglichkeiten sind denkbar? Schauen Sie genau hin, dies ist ein entscheidendes Moment für den Erfolg – oder dessen Verhinderung. (Es könnte durchaus sinnvoll sein, dass zumindest Teile von Kollegien sich für solche Ziele solidarisieren würden – d. h. auch, gemeinsam für die Zuweisung von Stunden einzutreten, denn an dieser Stelle fehlen sie häufig.)

Alles von sich zu weisen und der betreffenden Schülerin die Verantwortung zu überlassen – was hier gleichbedeutend damit ist, sich nicht darum zu kümmern – ist für niemanden hilfreich, nicht einmal für den, der sich hier nur als »Stoffvermittler« betrachtet: Arbeitszufriedenheit hängt auch mit einem befriedigenden Arbeitsergebnis zusammen.

Grundsätzlich sollten Sie im Blick behalten, dass jedem Verhalten eine Vielzahl von Handlungsmöglichkeiten zugrunde liegt. Finden Sie gemeinsam mit der Schülerin oder dem Schüler heraus, warum gerade dieses Verhalten gewählt wurde und was die möglichen Alternativen sind. Sollten Sie mit ihm oder ihr einen diesbezüglichen Vertrag schließen wollen, beachten Sie bitte den Grundgedanken eines Vertrages: dass er nämlich beide Seiten einbezieht. Ein Vertrag, der nur eine Seite zu etwas verpflichtet, wird verständlicherweise mit großer Wahrscheinlichkeit nicht eingehalten werden.

Entscheidungen

Für Sie selbst ist es von Bedeutung, dass Sie die Wahl haben, weil es nämlich bedeutet, überhaupt Kontrollüberzeugungen entwickeln zu können, die Dinge in der Hand zu haben, anstatt ihnen ausgeliefert zu sein. Ihren Schülerinnen und Schülern ergeht es natürlich nicht anders – wie wichtig wäre es Ihnen, dies zu berücksichtigen?

Am zweiten Abend einer Klassenfahrt macht Frau Barsch ihren abendlichen Rundgang durch die Jugendherberge. In einem Gang findet sie die 14-jährige Claudia auf dem Boden kauernd. Frau Barsch fragt, ob alles in Ordnung sei, was Claudia bejaht. Frau Barsch geht zunächst weiter, überlegt, ob sie diese offensichtliche Unwahrheit akzeptieren oder doch nachforschen solle, was sie tun könne. Sie kehrt um, setzt sich zu Claudia auf den Boden und fragt noch einmal. Claudia bricht in Tränen aus: »Meine Mutter hat angerufen, mein Pferd ist so durchgedreht und hat solche Schmerzen, dass sie überlegen, ob sie es einschläfern sollen.« Im Stillen diese Mutter verwünschend, sagt Frau Barsch: »Claudia, das tut mir furchtbar leid, das ist eine ganz schreckliche Situation. Wenn du morgen nach Hause fahren möchtest, ist das völlig in Ordnung. Ich organisiere alles und spreche auch mit deiner Mutter. Sagst du mir morgen früh Bescheid?« Sie umarmt Claudia, und die geht ins Bett. Frau Barsch erzählt der sie begleitenden Kollegin davon, und die ist völlig entsetzt: »Das kannst du doch nicht machen! Was ist, wenn sie morgen fahren möchte?« Am nächsten Morgen beim Frühstück kommt Claudia an den Tisch und sagt, sie habe es sich überlegt, sie wolle bleiben.

Natürlich hätte es sein können, dass sich Claudia für die relativ lange Heimfahrt entschieden hätte – na und? Frau Barsch ging davon aus, dass Claudia in jedem Fall die Freiheit der eigenen Entscheidung benötigte, und die konnte sie nur haben, wenn sie eine Alternative hatte. Hätte sie also nach Hause fahren wollen, wäre das völlig in Ordnung gewesen. Indem sie aber nicht mehr unter Druck stand – ich bin so weit weg, ich kann nichts tun –, konnte sie sich auch für die Klassenfahrt und ihre Freundinnen entscheiden. Die Freiheit der Wahl zu haben kann in seiner Bedeutung gar nicht hoch genug (ein)geschätzt werden. Nicht gemeint ist allerdings, lediglich den Anschein einer Wahlfreiheit zu vermitteln, wie dies eine beliebte Verkaufsstrategie ist: Sie wollen hier kein Auto verkaufen! Die Wahl muss eine echte Handlungsalternative beinhalten.

Sollten Sie zu Sanktionen greifen müssen: Überlegen Sie vorher genau, ob Sie die Überwachung der Einhaltung von Ge- und Verboten leisten können und ob diese selbst angemessen sind. Trifft eines von beidem nicht zu, werden Sie sich in der Situation wiederfinden, etwas ahnden zu müssen, was Sie wahrscheinlich hätten verhindern können, indem Sie die Bedingungen entsprechend gestaltet hätten.

Achten Sie auch darauf, sich nicht selbst zu bestrafen! Sollten Sie der Auffassung sein, jemand müsse etwas nacharbeiten, sollten Sie diese Zeit nicht an Ihren eigenen Unterrichtstag anhängen – suchen Sie nach anderen Wegen. Ich gehe nicht davon aus, dass Sie die Schulordnung abschreiben lassen werden, sondern dass es tatsächlich um Nacharbeiten geht. Anderenfalls sollte der Delinquent das zum Thema machen müssen, was seinem Vergehen entspricht – sich damit auseinanderzusetzen, wäre auch für ihn selbst von Nutzen.

Ein ausgesprochen schwieriger Grenzbereich bezogen auf Verbote und Ihren Umgang damit ist das Thema Alkohol auf Klassenfahrten:

Herr Siegmann war mit einer Jahrgangsstufe 10 auf Klassenfahrt. Er hatte den Konsum von Alkohol strikt verboten und sich darauf verlassen, dass die Schülerinnen und Schüler dies auch einhalten würden, weil er es ja so festgelegt hatte. Nach seiner Rückkehr erklärt er zufrieden, dass niemand Alkohol getrunken habe.

Sie können jede Wette halten, dass Herr Siegmann hier irrt! »Klassenfahrt« und »Alkohol« haben für Schülerinnen und Schüler eine geradezu symbiotische Verbindung, und auch das Machtwort eines sehr beliebten Lehrers ändert daran gar nichts. Planen Sie Ihr Vorgehen genau! Wollen Sie nur der Form genügen oder wollen Sie Ihre Regeln umgesetzt wissen? Was sind Ihre Regeln? Überstehen sie den Praxistest?

Der Unterricht

Die Freiheit der Wahl zu haben gilt auch für den Unterricht. Lassen Sie Ihren Lerngruppen eine Alternative, wo sie Erfahrung haben und wirklich mitreden können.

Nicht besonders sinnvoll ist es dagegen, Schülerinnen und Schüler an bestimmten didaktischen Entscheidungen teilhaben zu lassen: Ob sie jetzt zu hören bekommen, wie z. B. Frau Heine *Wilhelm Tell* in Abgrenzung zu anderen Werken vorstellt, ist nur eine Schein-wahl. Schließlich hat sie ja schon gefiltert und vermittelt ihre Sicht, und wenn ihre (Art der) Darstellung für die Schülerinnen und Schüler beim Lesen nicht wiederzufinden ist, wird sich Frau Heines Lerngruppe betrogen fühlen oder zu dem Schluss kommen, dass ihre eigenen »Entscheidungen« nichts taugen. Möglicherweise hat Frau Heine sogar erwogen, die Darstellung ein winziges bisschen zu beschönigen, damit ihr Wunschkandidat gewinnt? Das ist durchaus gängige Praxis – aber was soll damit gewonnen sein? Hier soll dann doch nur ein Auto verkauft werden.

An dieser Stelle entscheiden Sie und haben dabei das Schülerinteresse und die Gruppenstruktur im Kopf, wobei Sie sich ja auch für individuelle Lektüre entscheiden können.

Doch Sie möchten auch Ihr Klassenfahrtsziel, Ihren Wunschfilm, gemeinsame Aktivitäten nach Ihren Vorstellungen durchsetzen? Wozu? Wenn Sie es bequem haben wollen: Vergessen Sie's. Wenn Sie allerdings Ihre Präferenzen nach den Erfordernissen Ihrer Lerngruppe gewählt haben, werden Sie auch überzeugen – da benötigen Sie keine Überredung.

Lassen Sie Ihre Schülerinnen und Schüler da (mit)entscheiden, wo sie kompetent sind, nämlich in der Unterrichtsgestaltung. Wenn Sie zudem darauf achten, dass Ihre Lerngruppen ein breites Repertoire an Verfahren zur Verfügung haben und Sie ein Bewusstsein für die unterschiedlichen Denkstrukturen und damit für die unterschiedlichen Zugriffe gefördert haben, finden Sie in ihnen ernst zu nehmende Partner. Das verlangt zunächst von Ihnen selbst, eine vielfarbige Palette an Möglichkeiten zu haben. Es verlangt von Ihnen allerdings auch, dass Sie ein Vertrauensverhältnis hergestellt haben: Wenn Sie den Schüler vor den Kopf stoßen, wird er Sie kaum hineinschauen lassen, und der Zugang zu metakognitiven Prozessen kann so erschwert oder gar verhindert werden. Prozessorientierung und die Bereitschaft zur Reflexion setzen ein gewisses Maß an Vertrauen in die Lernsituation und das Ziel, in die Mitschülerinnen und Mitschüler und in Sie voraus. Als Einstieg sind Materialien hilfreich, die den Stellenwert des eigenen Tuns und der eigenen Erfahrung abfragen. Häufig findet sich eine solche Rubrik in Lerntypentests – wobei die Hirnforschung inzwischen davon ausgeht, dass es keine Lerntypen gibt. Allerdings kommen ohnehin in der Regel über 90 Prozent einer Lerngruppe zu dem Schluss, dass das, was erfahrbar gemacht wird, den größten Lernerfolg verspricht (und hält!), und wenn Ihre Schülerinnen und Schüler dies solchermaßen belegt finden, haben Sie schon einmal den Haustürschlüssel in der Hand. Aufschließen können Sie, wenn Sie bedenken, dass der Stellenwert von »Vorwissen« etwa doppelt so hoch ist wie der von »Motivation« und »Begabung« zusammen, und entsprechend handeln. Die Wohnungstür zu öffnen, ist dann die eigentliche Arbeit, die allerdings, wie alle Feinarbeit, Zeit und Geduld erfordert, besonders wenn die Fortschritte zunächst kaum sichtbar zu sein scheinen. Lassen Sie sich nicht dazu verleiten zu glauben, dass Ihr persönliches (Fach)interesse auch das der Schülerinnen und Schüler sei. Wenn etwas davon vorhanden ist: Docken Sie es an die außerschulische Wirklichkeit an, damit ein für Schülerinnen und Schüler bedeutsamer Kontext entsteht.

Viel wichtiger ist aber wie gesagt, dass Sie das Vorwissen Ihrer Schützlinge aktivieren können, sei es nun latent, manifest oder nur assoziativ: Befördern Sie es über geeignete Unterrichtsverfahren ans Tageslicht und machen Sie sich selbst und Ihren Schülerinnen und Schülern den Weg bewusst, den es dabei nimmt, damit Lernprozesse transparent werden und auch auf andere Zusammenhänge übertragbar sind. Schaffen Sie »Ankerplätze« in den Köpfen und Herzen Ihrer Schülerinnen und Schüler, um Verbindungen zu ermöglichen und Gelerntes abzusichern. Wenn Sie aber nach dem Motto verfahren: »Dieses Phänomen haben sie verstanden, wir haben noch Zeit, etwas Neues in Angriff zu nehmen«, passiert genau das Gleiche, das auch eintritt, wenn Sie eine noch feuchte Lackschicht neu überstreichen: Beide Schichten lösen sich auf. Hier hätten Sie dann gar nichts mehr in der Hand, und der vermeintliche Zeitgewinn entpuppt sich als ein in Zeit nicht mehr messbarer Verlust.

Es gibt auch Unterrichtsverfahren, bei denen Sie die Verantwortung für das Ziel aus der Hand geben und dann gelegentlich das Gefühl haben werden, mit leeren Händen dazustehen – zumindest so lange, bis Ihre Lerngruppen die ihnen übertragene Verantwortung auch als solche wahrnehmen. Hier ist die Fähigkeit, Rückschläge und Widerstände aushalten und Ungewissheit ertragen zu können, besonders gefragt. Haben sich solche Unterrichtsverfahren aber erst einmal eingespielt, können sie für Sie selbst eine echte Entlastung bedeuten. Wenn allerdings Schülerinnen und Schüler Verabredungen und Absprachen nicht einhalten, müssen sie dafür zahlen – der Bußgeldbescheid gehört in Ihren Verantwortungsbereich.

Eine offene Aufgabenkultur bedeutet zwar auch, dass Sie Ihre Schülerinnen und Schüler mit einem »Das könnt ihr machen, wie ihr wollt« in die Erarbeitungsphase entlassen können, Voraussetzung ist aber, dass Sie sie dazu angeleitet haben, wie sie recherchieren, extrahieren, auswerten, ordnen können – auch das ist und bleibt Ihre Verantwortung.

Achten Sie darauf, dass Sie Ihre Schülerinnen und Schüler ernst nehmen, ihnen zuhören und wirklich verstehen, was sie sagen wollen. Beziehen Sie sich nicht auf das, wovon Sie glauben, dass es das Gemeinte ist – vergewissern Sie sich! Damit schulen Sie automatisch auch das (adressatenbezogene) Ausdrucksvermögen Ihres Gegenübers. Die Motivation wird erkennbar steigen, wenn deutlich wird, dass es Ihnen ein Anliegen ist, jemanden richtig zu verstehen. Es ist nicht die Aufgabe der Schülerinnen und Schüler zu lernen, wie Sie denken und Sie zu verstehen. Lassen Sie ein Nachdenken und den Austausch in den Lerngruppen über die eigenen Wege der jeweiligen Schülerinnen und Schüler zu – fördern Sie ihn!

Halten Sie gemeinsam mit Ihren Lerngruppen gelegentlich inne, überprüfen Sie die Unterrichtseinheit nicht erst am Ende, sondern auch in deren Verlauf mithilfe von Evaluationsbögen oder anderen Formen der Rückmeldung, begeben Sie sich auf eine abstraktere, auf eine Metaebene: Was bedeutet das bisher Geschehene, in welchem Kontext ist es zu sehen (oder welcher Kontext eröffnet sich neu), wie ist weiter zu verfahren und was ist der angestrebte Nutzen? Wie stellen sich die Unterrichtseinheit und ihre Bedeutsamkeit von hier oben, der Aussichtsplattform auf dem Gipfel, dar? Hat sich der verbliebene Nebel etwas gelichtet? Sind die gewählten Methoden bzw. Erschließungs- oder Sicherungsverfahren angemessen? Nachdem Sie alle sich einen Überblick verschafft haben, steigen Sie ins Tal hinunter, nehmen die Arbeit wieder auf oder modifizieren sie. Eine Reflexion über die Lernprozesse selbst und über deren Steuerung bildet notwendige Zäsuren und schärft den Blick für das, was erreicht werden soll und für die Wege, die sich dahin eröffnen.

Damit untrennbar verbunden ist Transparenz: Sie tun auch sich selbst einen Gefallen, wenn Sie den Verlauf einer Unterrichtseinheit zumindest skizzieren und visualisieren, und ritualisierter Bestandteil des Stundenbeginns sollte ein kurzer Abriss des Stundenablaufs sein. Rollen Sie den Teppich aus, damit alle das Muster erkennen können!

Lassen Sie aber unbedingt Erkundungen und Abenteuer zu, wenn sie vielversprechend sind, selbst wenn die Konzeption Ihrer Stunde auf der Strecke bleibt (nicht bei einem UB natürlich, es sei denn, Sie machen dies zum Konzept). Sollte es spannende Umwege geben, die zu gehen aber gerade jetzt nicht möglich ist, notieren Sie sie. Wollen Sie im Verlauf der Stunde wieder darauf zurückkommen, nutzen Sie die Tafel als »Fragenspeicher« – so bleibt das Vorhaben allen präsent.

Betrachten Sie es als unabdingbaren Bestandteil offener Unterrichtsformen, Ihre jeweilige Rolle mit Ihren Lerngruppen zu thematisieren, sonst könnte sie, wenn die Merkmale nicht deutlich erkennbar sind, als Ausdruck von Schwäche betrachtet werden. Seien Sie aber unbedingt da präsent, wo Sie gefordert sind. Vermeiden sollten Sie dies:

Während in Frau Loses Geschichtskurs im Jahrgang 11 eine Präsentation vorgestellt wird, unterhalten sich einige der männlichen Kursteilnehmer in der letzten Reihe. Frau Lose sagt zu den Vortragenden: »Sprechen Sie ruhig weiter!«, und wendet sich den Störenfrieden zu. Die Gruppe, deren Präsentation viel Arbeit gekostet hat und die auf eine gute Note hofft, ist irritiert.

Dass Ihre Lerngruppen ein Recht auf Ihre volle Aufmerksamkeit haben, gilt umso mehr, als Sie Ihr anerkanntes Recht ausüben wollen, ein Urteil abzugeben. Schenken Sie auch denjenigen Ihrer Schützlinge genügend Beachtung, die einen überschaubaren Rahmen benötigen und mit offenen Unterrichtsformen eher überfordert sind. Bedenken Sie bei Ihrer Planung, dass hier ein »Modelling« durch Sie, klare Vorgaben und eine Binnendifferenzierung besonders wichtig sind.

Achten Sie auch bei der Wahl Ihrer Arbeitsformen und Ihrer Mittel darauf, dass Sie nichts fordern, was Sie selbst nicht tun wollen: Verlangen Sie keine PC-Präsentation, wenn Sie sich selbst nicht damit auseinandersetzen wollen, bestehen Sie nicht auf dem Rollenspiel, wenn Sie sich selbst immer schon davor gedrückt haben: Hier können Sie nur auf Freiwilligkeit setzen.

Machen Sie deutlich, wann und wo Sie »bewertungsfreie Räume« einrichten, wenn es für die Schülerinnen und Schüler darum geht, ein Phänomen begreifen zu wollen oder zu müssen. Das heißt, es muss es eine Erprobungsphase von ausreichender Dauer geben. Stellen Sie sich vor, Ihr allererster Unterrichtsbesuch würde benotet (sollte es Bundesländer geben, in denen das tatsächlich der Fall ist, täte es mir leid für Sie!) – welchem Druck wären Sie hier ausgesetzt! Das können Sie schon aus eigener Anschauung nicht gutheißen, oder?

Formulieren Sie das Ziel und Ihre Anforderungen klar und deutlich und überlegen Sie immer, ob und wie Sie das Schülerinteresse berücksichtigen können. Seien Sie auch in Ihren Rückmeldungen klar! Mit unbestimmten Äußerungen ist niemandem gedient.

Wenn Schüleräußerungen korrektur- oder ergänzungsbedürftig sind, sollte es Ihr Ziel sein, den oder die Betroffene(n) in die Lage zu versetzen, dies selbst leisten zu können – Sie stehen da zunächst an letzter Stelle.

Sie werden vielleicht feststellen, dass Sie in manchen Gruppen deutlich erfolgreicher sind als in anderen. Ein Grund mag die berühmte »Chemie« sein. Ein häufigerer ist aber, dass andere Kolleginnen und Kollegen einen völlig anderen Unterrichtsstil und Klassenleitungen in der Regel automatisch einen Bonus haben. Wenn also eine Mehrheit der hier eingesetzten Kolleginnen und Kollegen ganz anders verfährt als Sie, wird sich das möglicherweise in einem Mangel an Bereitschaft seitens der Schülerinnen und Schüler zeigen. Wenn der Klassenlehrer »vom alten Schlag ist« und Neuerungen gegenüber abhold (und damit vielleicht auch Ihnen gegenüber als deren Repräsentantin oder Repräsentanten), wird sich das bemerkbar machen. Wenn er dazu vielleicht in seinem Unterricht abwertende Bemerkungen macht, werden Sie dies nicht nur deutlich spüren, es wird auch die Nachhaltigkeit Ihres eigenen Unterrichts gravierend beeinträchtigen. Es gibt verschiedene Bereiche in der Schule, wo Sand im Getriebe konkrete Auswirkungen auf Sie haben kann. Dies ist einer davon. Lassen Sie sich nicht entmutigen; Sie sind ja noch in anderen Lerngruppen eingesetzt oder werden es künftig sein.

So großartig dieser Beruf auch ist, schon allein die andauernde Präsenz wird dafür sorgen, dass Sie erschöpft sind, wenn die Ferien nahen. Ein Blick in das Lehrerzimmer zeigt Ihnen, dass die anderen es auch sind. Der Beruf Schüler/in ist allerdings kaum weniger anstrengend: Überlegen Sie sich gut, ob Sie Arbeits- und Leseaufträge über die Ferien geben! Schülerinnen und Schüler sind häufig in allen sprachlichen Fächern diesbezüglich gut versorgt, insbesondere in der Oberstufe.

Auch sollten Sie die Tatsache, dass Sie über die E-Mail-Adressen Ihrer Lerngruppen verfügen, nicht dazu nutzen, ihnen vergessene oder zusätzliche Arbeitsaufträge zu übermitteln, es sei denn, Sie hätten dies abgesprochen. Respektieren Sie die Privatsphäre Ihrer Schülerinnen und Schüler, wie Sie die Ihre umgekehrt auch gewahrt sehen wollen. Wenn Sie allerdings private Kontakte pflegen wollen: Sie sind der oder die Erwachsene, und Sie sind für das Gelingen und auch für die Grenzen zuständig.

Beurteilen und Bewerten

An dieser Stelle geht es nicht um offene Unterrichtsformen und die dazugehörigen Verfahren von Eigen- und Fremdevaluation, sondern um die konventionelle Beurteilung und deren Fallstricke. Was genau bewerten Sie eigentlich? Dies erfordert ein Nachdenken über

- Anforderungsbereiche bzw. Operatoren
- die angestrebten Kompetenzbereiche
- Ihr Verhältnis zu diesen Kompetenzbereichen, zur Kompetenzorientierung generell
- Ihr Verhältnis zu Ihrer Lerngruppe
- Ihr Verhältnis zum Unterrichtsinhalt
- Ihr Verhältnis zu Ihren Forderungen bezogen auf mögliche Ergebnisse Ihres Unterrichts
- Ihr Verhältnis zu Ihren Erwartungen bezogen auf das Verhalten im Unterricht

Was Sie nicht bewerten sollten, ist:

- Der Schüler ist immer freundlich zu Ihnen.
- Die Schülerin verteidigt Sie gegenüber anderen Schülerinnen und Schülern.
- Die Schülerin hat gute Umgangsformen.
- Der Schüler fällt nie unangenehm auf.

Auch das folgende Beispiel sollte nicht der Beurteilung dienen:

Jan und Leon kommen nach jeder Ihrer Unterrichtsstunden nach vorne an Ihr Pult und stellen Fragen zur Stunde, zu den Hausaufgaben oder zum Thema. Sie freuen sich, geben bereitwillig Auskunft und notieren sich gedanklich ein besonderes Interesse dieser Schüler an Ihrem Fach, sehen sie bereits für den oberen Teil der Notenskala vor.

Sie können sicher sein, dass Ihr Verhalten genau der beabsichtigten Wirkung entspricht! Erinnern Sie sich an Ihre eigene Schulzeit: Schülerinnen und Schüler sind absolute Profis, was eine Kosten-Nutzen-Rechnung anbelangt – das gilt bis zum Abitur. Mitschülerinnen und Mitschüler durchschauen ein solches Vorgehen sofort, und Ihre Reaktion darauf wird im Hinblick auf das Verhältnis der Lerngruppe zu Ihnen genau beobachtet werden.

Mit Vorsicht sollten Sie auch der Schülerin/dem Schüler begegnen, der oder die Folgendes tut:

- Ihre Frage, Ihre These wird umformuliert.
- Die Aussage einer Schülerin oder eines Schülers wird leicht abgewandelt neu formuliert.
- Der entsprechende Passus aus einem Lehrbuch wird vorgelesen.

Hier sind auch erfahrene Kolleginnen und Kollegen durchaus noch anfällig.

Ehe Ihnen das unliebsame Thema Notengebung schlaflose Nächte bereitet: Sie können zahlreichen Problemen aus dem Weg gehen, indem Sie sich und Ihren Lerngruppen die Bewertungskriterien bewusst und transparent machen – das gilt für die mündliche Note ebenso wie für die schriftliche. Wenn Sie die Bereiche Reproduktion (Wiedergabe), Reorganisation bzw. Rekonstruktion (Anwendung), Transfer (Urteil) zugrunde legen, stimmt dies mit den Kompetenzbereichen/Operatoren überein, wobei letztere die jeweiligen Anforderungsbereiche beschreiben. Je nach Schulform werden Sie die Anteile unterschiedlich gewichten. Für Schülerinnen und Schüler ist es wichtig, sich einordnen zu können, und wenn Sie von Anfang an so verfahren, dass Sie Übungen dazu machen (Fragen an Texte stellen, Entwerfen von Klassenarbeiten, Zuordnung bei mündlichen Beiträgen), wird ihnen das Prinzip schnell klar und sie können auch selbst erkennen, wo sie in etwa stehen. Äußerungen wie »Ich habe doch viel mehr gesagt als Valentin!« werden sehr viel seltener zu hören sein und untereinander relativiert werden können. Auch an dieser Stelle sind Kompetenzraster zur Eigenevaluation von Nutzen. (Kompetenzraster sind darüber hinaus ein sinnvolles Diagnoseinstrument, bieten konkrete Ansätze für die Förderung, dienen der

Strukturierung Ihrer Unterrichtseinheit, können den Lernzuwachs verdeutlichen und eignen sich dafür, den Wiederholungsbedarf vor anstehenden Klassenarbeiten zu ermitteln.)

Bedenken Sie bitte, dass das, was *Sie* für richtig halten, nicht allgemeine Gültigkeit hat! Nicht Sie und Ihre Fachkompetenz werden bewertet, sondern die Kompetenzen der Schülerinnen und Schüler – unterschiedliche Ansätze, Denkweisen, Meinungen und Schlussfolgerungen sind unbedingt zu respektieren. Wenn ein Scheinargument lautet: »Ich habe nichts gegen ..., aber...«, geht es nicht um den vertretenen Standpunkt, sondern darum, dass hier Strukturen logischen Denkens nicht erkannt werden. Dem zu begegnen ist Ihre Aufgabe.

Auch sollten Sie nichts verlangen, was Sie selbst nicht einhalten – Sie sind das Vorbild. Nicht wünschenswert sind folgende Situationen:

Der Schüler Max hat 8 Punkte auf eine Inhaltsangabe bekommen, die er für vollständig hält. Er fragt andere Deutschlehrerinnen und Deutschlehrer, und niemand kann ihm sagen, was die Unvollständigkeit ausmachen soll, im Gegenteil: 13 bis 14 Punkte lautet das Urteil. Darauf angesprochen, sagt Herr Buderus, der Teil sei insgesamt schlecht ausgefallen, der Kurs habe einen Aspekt nicht erkannt: Hier wird die eigene Sichtweise zum Ausgangspunkt gemacht.

Simon hat eine Arbeit in Erdkunde zurückbekommen. Die Lehrerin hat auf jeder Seite einen roten Strich durch den Text gezogen, weil ihr der vorgegebene Rand nicht genügte. Genutzt wurde dieser Rand allerdings nicht. Dagegen enthielt das Aufgabenblatt klein gedruckt und eng aneinandergesetzt mehrere Zeitungsartikel völlig ohne Rand, sodass niemand sich Notizen machen konnte: Es wird nicht eingehalten, was von den Schülerinnen und Schülern gefordert wird.

Der Jahrgang 12 erhält eine Klausur zurück, deren Teilnoten nicht nachvollziehbar sind. So hat z. B. Christin auf eine Teilaufgabe, die 40 Prozent der Gesamtnote ausmacht, genau 21,75 Prozent erhalten. Eine Erklärung erhält der Kurs nicht: Es soll der Eindruck einer Genauigkeit erweckt werden, die aber gar nicht möglich ist; dadurch fehlt es an Transparenz und an Glaubwürdigkeit.

Die Schülerin Marlene ist, trotz wechselnder Lehrer, im Fach Politik und Wirtschaft in Klausuren immer mit 13 bis 14 Punkten beurteilt worden. Bei dieser Kollegin schreibt sie nur noch 9 Punkte. Sie bittet um eine Erklärung, um sich verbessern bzw. der Kollegin anpassen zu können, wird aber abgewiesen: Entweder fühlt die Kollegin sich angegriffen oder sie kann ein berechtigtes Anliegen nicht erkennen oder sie kommt in Erklärungsnöte. Sie hätte ihre Note begründen können müssen. Bedenklich ist auch, dass Marlene meint, sich anpassen zu müssen.

Daran, dass Schülerinnen und Schüler immer wieder zu dem Schluss kommen, sie müssten sich unterschiedlichen Persönlichkeiten und unterschiedlichen Gepflogenheiten anpassen und Wünsche antizipieren, um möglichst gut zurechtzukommen, erinnern Sie sich vielleicht aus Ihrer eigenen Schulzeit – dagegen anzutreten wäre ein lohnendes Ziel. Ihre Erinnerung, verbunden mit Ihren Idealen und dem Nachdenken über sich selbst, wird Ihnen dabei helfen.

Vielleicht sind für Sie an dieser Stelle einige ganz konkrete Hinweise von Nutzen:

Achten Sie beim Konzipieren einer Klassenarbeit oder Klausur darauf, dass die von Ihnen gewählte Anzahl von Rohpunkten oder Bewertungseinheiten im Verhältnis zur erwarteten Antwort stehen muss. Sie können einen Punkt vergeben, wenn die Aufgabe mit einem Hauptsatz zu beantworten ist. Sobald aber Erläuterungen oder Begründungen verlangt sind, reicht das nicht aus – es sein denn, Sie wollen sich in die Abgründe der Dezimalzahlen begeben. Gehen Sie davon aus, dass Sie außer bei der oben genannten Ausnahme auch Teilpunkte vergeben werden – je mehr Punkte Sie insgesamt vergeben, desto differenzierter können Sie Lösungsansätze bewerten. Ist die Menge der zu vergebenden Rohpunkten allerdings zu hoch (z. B. vorgegebene Bewertungseinheiten im Abitur), sollten Sie sie umrechnen oder zumindest halbieren, damit sie handhabbar bleiben. Aufgaben sollen zwar aufeinander aufbauen, anstatt zusammenhanglos wie Wäsche auf der Leine nebeneinanderzuhängen, es ist aber ausgesprochen ungünstig, wenn eine Teilaufgabe nur dann lösbar ist, wenn ein anderer Teil verstanden wurde. Hier läge der Fokus dann automatisch eher darauf, was jemand nicht kann. Achten Sie darauf, klar und eindeutig zu formulieren, und erstellen Sie einen Erwartungshorizont im Vorfeld – so können Sie Missverständnisse und unnötigen Korrekturaufwand vermeiden. Verlieren Sie nicht aus dem Auge, dass es sich um einen Erwartungshorizont für die Leistung Lernender, nicht um einen für die Leistung Lehrender handelt.

Widmen Sie sich beim Erstellen eines Schülerarbeitsblattes auch dem Layout: Achten Sie auf Schriftgröße, Zeilenabstand, Rand und Übersichtlichkeit. Geben Sie zu jeder Teilaufgabe die mögliche Punktzahl/den Prozentsatz an.

Gehen Sie beim Schreiben von Klassenarbeiten nicht durch die Reihen, um den Schülerinnen und Schülern von hinten über die Schulter zu sehen – das irritiert sie außerordentlich. Fragen Sie zumindest oder sorgen Sie dafür, dass Sie im Blickfeld bleiben. Niemand mag aufmerksame Blicke hinter dem eigenen Rücken.

Bedenken Sie, dass die Lesbarkeit einer Arbeit die Note beeinflusst. Was immer Ihre Vereinbarung mit dem betreffenden Schüler nach dieser ersten Arbeit sein wird: Lesen Sie sie so oft, bis Sie den Text, ohne stocken zu müssen, verstehen. Machen Sie sich erst dann an eine inhaltliche Begutachtung.

Nehmen Sie keine Korrekturen vor, die den Denkansatz oder auch nur den Satz nach Ihren Vorstellungen umkrempeln, sondern bleiben Sie beim Ansatz der vorliegenden Arbeit. Ändern Sie die Ausdrucksweise nur da, wo sie in der verwendeten Form nicht zulässig ist, und lassen Sie den Stil gelten, auch wenn Sie selbst völlig anders formulieren. Der Verzicht auf Hauptsätze allerdings ist ein schlichter Grammatikfehler.

Lassen Sie sich nicht von Schlagwörtern wie »Normalverteilung« aus der Fassung bringen, auch wenn sie durch Aussagen wie »Geben Sie mir eine gute, eine mittlere und eine schlechte Arbeit« scheinbar bestätigt werden. Das steht nirgendwo – und wenn Sie so gut gearbeitet haben, dass sich nur der obere Teil des Notenspektrums wiederfindet, ist das wunderbar.

Geben Sie Arbeiten so schnell es geht zurück (und lassen Sie sich nicht von »Sie verderben die Preise« beeindrucken): Ihre Schützlinge warten darauf zu erfahren, wie sie sich geschlagen haben – und Sie selbst haben sich und Ihren Schreibtisch entlastet.

Halten Sie, wie gesagt, unbedingt besonderen Abstand zu dem, was Ihnen selbst inhaltlich als besonders wichtig erscheint – konzentrieren Sie sich lieber auf Lösungsansätze, die Fähigkeit zusammenzufassen, zu folgern, zu analysieren…

Erinnern Sie sich an eine der zahlreichen Untersuchungen, die belegen, wie unterschiedlich eine einzige Arbeit von verschiedenen

Lehrerinnen und Lehrern korrigiert und bewertet wird? Dass sich in einer Arbeit nahezu das gesamte Notenspektrum abbildet, ist beängstigend, und die Subjektivität macht keineswegs vor der Objektivität des Faches Mathematik Halt.

Bei der Einführung von kompetenzorientiertem Unterricht spielte unter anderem die Erkenntnis über das Ausmaß von Subjektivität in unserem Beruf eine Rolle. Die Subjektivität Ihrer Sichtweise lässt sich natürlich nicht verhindern. Sie können sich selbst aber immer wieder überprüfen.

Zu Unrecht beeindruckt sind selbst Eltern von den Flussdiagrammen, die manche Kolleginnen und Kollegen erstellen, um die Leistung scheinbar objektiv zu messen und/oder darzustellen. Eine professionelle Grafik täuscht darüber hinweg, dass die Hand, die sie erstellt, zu einem fehlbaren Menschen gehört und sie somit lediglich ein Produkt dessen ist, was eingegeben wurde.

Sie können so gerecht, wie es Ihnen möglich ist, bewerten und sich der Fallen bewusst sein – alles andere ist Augenwischerei. Auch die differenziertesten Evaluationsbögen können keine Objektivität evozieren. Beim Ausprobieren werden Sie z. B. zwangsläufig feststellen, dass die Note umso schlechter wird, je differenzierter die Bewertungskriterien sind. Sollten Sie in der Situation sein, mit anderen gemeinsam zu einer Bewertung kommen zu müssen, ist das Beste, was Sie tun können, darüber zu sprechen, sich auszutauschen.

Was Schülerinnen und Schüler als gerecht empfinden, ist, wenn sie sich in ihrer Leistung anerkannt fühlen und wenn die Vergleichbarkeit untereinander ihren Vorstellungen entspricht. Das heißt auch, dass Sie Trickserei und Feilschen von echten Anliegen unterscheiden müssen: Wenn Sie den Eindruck erwecken, Sie alle seien auf einem Basar, können Sie nur verlieren. Lassen Sie sich kein schlechtes Gewissen einreden!

Was die Art der Notenbekanntgabe selbst betrifft: Früher wären Sie in den meisten Bundesländern verpflichtet gewesen, Ihre Noten »zu besprechen« – heute beschränkt sich dieser Punkt darauf, dass Sie Ihre Noten »mitteilen« müssen. Wenn Sie Wert darauf legen, dass Ihre Bewertung nachvollziehbar ist, werden Sie es aber wahrscheinlich nicht dabei belassen: Wie also gehen Sie vor?

Wenn Sie die Noten im Plenum besprechen, sollten Sie sich vergewissern, dass alle damit einverstanden sind. Diese Form hat den nicht zu unterschätzenden Vorteil, dass eine Vergleichbarkeit untereinander gegeben ist. Ob Sie hier auch beraten können, sollten Sie von Fall zu Fall entscheiden.

Wenn Sie die Noten einzeln besprechen, etwa auf dem Flur, wie gelegentlich zu beobachten ist, können Sie leichter beraten. Die Vergleichbarkeit entfällt aber – was für Sie in jedem Fall bequemer ist, weil Sie lästigen Fragen aus dem Weg gehen können. Was ist besser? Hier müssen Sie selbst entscheiden.

Beraten

Eine Beratung zum Halbjahr ist durchaus sinnvoll, sie ersetzt allerdings nicht die Notwendigkeit einer kontinuierlichen Beratung: Anknüpfungspunkte, die Sie nutzen können, bieten sich bei Leistungen sowohl mündlicher als auch schriftlicher Art. Jede Form von Evaluation (und auch eine Klassenarbeit gehört natürlich dazu) schreit nach einer Beratung: Dies ist das Ergebnis, hier stehe ich, was mache ich jetzt damit? Wenn Sie hier antworten können, bedeutet das echte Förderung – und für Sie selbst professionelles Handeln.

Sie beraten in unzähligen Situationen aus unterschiedlichen Anlässen. (Genaueres zur Gesprächsführung finden Sie im entsprechenden Kapitel.) Wichtig ist, dass Sie sich Ihres Rollenwechsels bewusst sind und dies bei der Wahl der Kommunikationsebene bedenken. Es wird leichter für Sie beide, wenn Sie keine Beratungen im Klassenraum vornehmen, weil der durch die Funktion »Unterricht« besetzt ist.

Die Lern- und Leistungsberatung setzt voraus, dass Sie einen umfassenden und differenzierten Kenntnistand haben, sich mögliche Zusammenhänge vorstellen und gemeinsam mit dem oder der Betroffenen mögliche Lösungen entwickeln können, die Sie dann besprechen. Ratschläge à la »Du solltest regelmäßig deine Hausaufgaben machen« sind unprofessionell und kontraproduktiv: Das Problem kann nicht gleichzeitig die Lösung sein. Wenn es um Hausaufgaben geht, wäre es sinnvoller herauszufinden, worin die Schwierigkeit besteht. Grundsätzlich sollten Sie sich darüber im Klaren sein, dass es kaum möglich ist, verlässliche Prognosen abzugeben:

Wie würde es Ihnen gehen, wenn jemand sich anmaßen würde, Ihnen mitzuteilen, Sie seien z. B. für das Erlernen einer weiteren Fremdsprache nicht geeignet, würden voraussichtlich nie dafür geeignet sein, obwohl Sie doch gerade erst dabei sind, sie zu erlernen?

Häufig kommen Schülerinnen und Schüler auch mit Klagen über Kolleginnen oder Kollegen: Verweisen Sie auf das direkte Gespräch (wobei Sie Hilfen zu einer sinnvollen Gesprächsführung geben können), auf die Verbindungslehrerin/den Verbindungslehrer oder auf andere institutionalisierte Möglichkeiten, aber mischen Sie sich nicht ein! Das endet nur in: »Herr X findet auch, dass ...«, ohne dass Sie dies tatsächlich auch finden – »Stille Post« funktioniert großartig in Schulen!

Konflikte untereinander dagegen können Sie angehen, wenn Sie es sich zutrauen, was aber keineswegs bedeutet, dass Sie die Lösung kennen oder zu kennen glauben: Lassen Sie die Parteien, wenn möglich, ihre eigenen Lösungen finden.

Konflikte von Schülerinnen oder Schülern mit Eltern dagegen sind ein noch heißeres Eisen als solche mit Kolleginnen oder Kollegen: Achten Sie sehr sorgfältig auf das, was Sie sagen; machen Sie keine Aussagen über Eltern, holen Sie sich für jeden Schritt das Einverständnis des oder der Ratsuchenden, tun Sie aber niemals etwas über Eltern hinweg. Wenn Sie das Einverständnis zu einem Elterngespräch erhalten, wäre das der beste Weg.

Für Beratungsgespräche mit komplexen Beratungsanlässen sollten Sie genügend Zeit einplanen:
Lassen Sie der Schülerin/dem Schüler genügend Raum für die eigene Sicht; führen Sie ein Protokoll über das Gespräch und die getroffenen Vereinbarungen, das über eine Aktennotiz hinausgeht, und dokumentieren Sie dessen Richtigkeit mit Ihrer beider Unterschrift.

Füllen Sie Ihre Informationslücken erst nach der Darstellung durch die Schülerin oder den Schüler und beziehen Sie dabei das häusliche Umfeld (z. B. das eigene Zimmer, Essgewohnheiten, Schlafenszeiten, Gestaltung des familiären Alltags) und die Freizeitgestaltung so detailliert wie möglich ein. Eine sinnvolle Aussage, die sich deutlich von Spekulation unterscheidet, lässt sich erst dann treffen, wenn Sie alle notwendigen Faktoren kennen, soweit dies möglich ist. Die Wirksamkeit von Beratungsgesprächen hängt auch mit der Zusammenarbeit und den Haltungen im Kollegium zusammen:

Frau Claußen führt ein Gespräch mit ihrem Schüler Waldemar, der erst 15 Jahre alt ist, aber deutlich älter wirkt, die Schule unregelmäßig besucht (und dessen Arbeitsverhalten kaum als solches bezeichnet werden kann), der in seiner Freizeit relativ viel Alkohol trinkt und gelegentliche Zusammenstöße mit der Polizei vorweisen kann. Waldemar schildert seine Situation und seine Befindlichkeiten mit überraschend klarem Blick, so ist ihm z. B. bewusst, dass sein Hobby (Boxen) nicht für einen Aggressionsabbau, sondern im Gegenteil für einen Aggressionsstau sorgt. Frau Claußen ihrerseits berichtet, wie sie die Situation wahrnehme.
Waldemar ist noch nicht sehr lange in dieser Klasse, sodass Frau Claußen sich zunächst in etlichen Punkten Gewissheit verschaffen muss. Für den Anfang legt sie gemeinsam mit ihm kleinere, leicht einzuhaltende Regeln fest. Da sie die in ihrer Klasse unterrichtenden Kollegen kennt, achtet sie darauf, dass ihre Vorschläge für Regeln auch seitens der Lehrkräfte leicht einzuhalten sind, wobei sie Waldemar sagt, dass die erst abgestimmt werden müssten. Sie schreibt das Protokoll, spricht mit Waldemars Bruder (der sich bereit erklärt, das morgendliche Wecken zu übernehmen) und legt es zunächst Waldemar zur Korrektur und zur Unterschrift vor. Anschließend bespricht sie das Protokoll mit ihren Kollegen. Zunächst wird sie darauf hingewiesen, dass Waldemars Beobachtungen nicht richtig sein könnten und dass das Protokoll entsprechend zu ändern sei. Als Nächstes wird ihr unisono erklärt, ein Hausaufgabenheft zu kontrollieren sei nicht die Sache der Kollegen, schließlich sei Waldemar alt genug, dies regeln zu können. (Frau Claußen findet dafür andere Wege.)
Waldemar kommt mehrere Monate lang pünktlich und regelmäßig in die Schule, bis sein Bruder das Elternhaus verlässt. Die Reaktion der Kollegen ist: »Das war ja klar, der kann das nicht.« Es wird mit keinem Wort gewürdigt, dass sich Waldemar mit entsprechender Unterstützung sehr wohl an die Regeln halten konnte und dass es jetzt wichtig ist, eine andere Möglichkeit zu finden.

Auch das ist leider Alltag und macht deutlich, warum es so mühsam sein kann, etwas zu bewegen. Sollte Ihnen jemand erklären: »Der müsste das längst können!«, wäre es gut für Sie, sich zurückziehen: Wer nicht begreift, dass gerade hier Handlungsbedarf besteht, wird für Sie kein kooperativer Partner sein können.

Mikrokosmos Kollegium

Das Lehrerzimmer

Lassen Sie sich Zeit für einen ersten Eindruck: Betrachten Sie das Lehrerzimmer (groß oder klein, überschaubar oder unübersichtlich, wohnlich oder zweckmäßig) und seine Bewohner, die sich hektisch oder gelassen durch den Raum bewegen.

Sie sind hier wie überall mit vielen unterschiedlichen Menschen konfrontiert. Hier treffen Sie den Hierarchiegefangenen und den Freigeist, es gibt die Zurückhaltende, die Engagierte, den Selbstbewussten, den Unsicheren, den Kompetenten, die Energische, die Rücksichtsvolle oder die Rücksichtslose. Schauen Sie sich genau an, wer hier dominiert! Ein gängiger Rat ist der, sich der wortführenden Gruppe anzuschließen. Das können Sie tun und werden damit unbehelligt bleiben. Ich teile diese Auffassung allerdings nicht völlig:

Ihr Umfeld beeinflusst Sie in einem nicht unerheblichen Maß, und ehe Sie eine Metamorphose zulassen, sollten Sie prüfen, ob die Verwandlung Ihnen zusagt oder nicht – am Ende finden Sie sich als Motte wieder, obwohl Sie doch ein Schmetterling hatten werden wollen.

Sollten Sie allerdings Karriere machen wollen, werden Sie sich der tonangebenden Gruppe oder Seilschaft anschließen wollen bzw. müssen, besonders wenn an Ihrer Schule eher die persönliche Gefolgschaft als die persönliche Kompetenz gefördert wird. Ist allerdings Letzteres zutreffend, wird Schulentwicklung mehr als ein gemeinsames Interesse verstanden und Ihre Kompetenz sachbezogen gewürdigt werden. In diesem Fall benötigen Sie die tonangebende Gruppe nicht oder sie wird sich selbst im Sinne einer Steuergruppe verstehen, die offen für Neues ist.

Gruppendynamische Prozesse werden unter anderem auch von der Größe des Kollegiums beeinflusst: Je größer das Kollegium ist, desto undurchschaubarer sind zunächst die Strukturen. Bilden sich viele kleine Grüppchen, ist dies ein Anhaltspunkt dafür, dass die Unterschiede mehr ins Gewicht fallen als die Gemeinsamkeiten, und häufig sind Rivalitäten ausgeprägter – wobei insgesamt die Haltung eines Kollegiums mit der Haltung der Schulleitung zusammenhängt.

Je nachdem, welche Strukturanteile die Oberhand gewinnen, kann sich ein freundlicher Ort in ein Gruselkabinett verwandeln:

Dort werden Sie beobachten können, dass Kolleginnen oder Kollegen, die sich untereinander lauthals beschweren oder entschieden für sich reklamieren, sie wüssten, »wo es langgeht«, häufig den vorauseilenden Gehorsam pflegen, dass diejenigen, deren Umgang mit Tatsachen sich durch besondere Kreativität auszeichnet, dies automatisch auch von anderen annehmen, und dass der Schaumschläger mit seinem Schaum schlagenden Gesprächspartner beachtliche Schaumgebilde produziert, ohne dies zu bemerken. Dazu passt die Auswertung eines Integritätstests, bei der festgestellt wurde, dass auf die Frage, wie viel Prozent der Bevölkerung Steuern hinterzögen, diejenigen Probanden, die ihrerseits Steuern hinterziehen, einen besonders hohen Anteil an Steuersündern vermuteten.

Auch die wiederholte Feststellung einer Kollegin oder eines Kollegen, dass er oder sie etwas (nicht) tut, kann nur als deutlicher Hinweis darauf verstanden werden, dass eher das Gegenteil zutreffend ist. So wird es Sie nicht verwundern, dass die Kollegin, die mehrfach erklärt, sie möge es gar nicht, wenn schlecht über andere geredet werde, dies selbst sehr ausgiebig tut: Der beabsichtigten Selbstoffenbarung folgt die Enthüllung der unbeabsichtigten Offenbarung auf dem Fuß.

In Kollegien, in denen dies ein häufiges Muster ist, findet sich auch verstärkt eine Vermischung von Inhalts- und Beziehungsebene. So wird eine Fachfrage oder eine Sachkritik als persönlicher Angriff gewertet und entsprechend geahndet – eine sachorientierte, offene Zusammenarbeit wird hier deutlich erschwert, weil eine Analyse des anstehenden Sachverhalts verhindert und er stattdessen als persönliches Problem gedeutet wird. Auch Mobbingstrukturen wird auf diese Weise der Boden bereitet; zu groß ist das Bedürfnis, allem, was neu und fremd ist, die gewohnte Ordnung stört, Einhalt zu gebieten. Ehe hier ein Anerkennen oder ein Ausprobieren oder auch nur ein genaueres Betrachten neuer Ideen zugelassen wird, schickt man den Neuling in die Wüste – und bevor Sie sich unter solchen Umständen auf die Suche nach einer Oase begeben, sollten Sie vielleicht lieber die Schule wechseln. Deeskalierende Kommunikationsformen wie die, andere zu entlasten (»Es tut mir leid, dass du das so verstanden hast. Gemeint war Punkt 2 im Protokoll«) sind hier nur bedingt zu empfehlen; es kann Ihnen passieren, dass Ihre freundliche Formulierung dafür sorgt, dass Sie plötzlich die Verantwortung für Missverständnisse aller Art haben.

Auf der Konferenzebene gilt der häufigste Blick der Uhr, es findet kein echter Austausch statt und auch Evaluation kann hier kein selbstverständliches Messinstrument sein. Typisch ist in solchen Kollegien auch, dass nicht die eigenen Befindlichkeiten ausgesprochen, sondern Du-Botschaften vom Typ »Der/Die ist ja…« gesendet werden. Das gilt auch im Kleinen:

Frau Ziehe liebt French Manicure, und sie hat sich zudem die Nägel um einiges verlängern lassen. Im Moment sitzt sie im Lehrerzimmer und trommelt mit den Fingern auf dem Tisch, was ein klackendes Geräusch verursacht. Eine andere Kollegin wendet sich ihr zu und sagt in anklagendem Ton: »Na, so lang mussten die ja wohl auch nicht sein!«

Was geht das die Kollegin an? Gar nichts! Sollte sie aber das Geräusch stören, wäre es gut, dies anzusprechen, anstatt den Geschmack von Frau Ziehe zu kritisieren. Die Respektlosigkeit mag zwar unbeabsichtigt sein, drückt aber dennoch eine vorhandene Haltung aus, sonst hätte der Satz anders lauten müssen.

Sie finden mit diesem Szenario hoffentlich bestätigt, dass eine professionelle Haltung von weit reichender Bedeutung ist; wie wichtig es ist, sich über Dinge im Klaren zu sein, zu reflektieren und bei sich selbst zu bleiben. Die Auswirkungen reichen von Ihnen selbst über die anderen Kolleginnen und Kollegen über die Schülerinnen und Schüler bis zu den Eltern. Die Lehrkräfte werden weder die erhoffte Arbeitszufriedenheit noch Anerkennung und Respekt finden, während die Schülerinnen und Schüler die Inkongruenz zwar mehr erahnen als um sie wissen, sich aber entsprechend verhalten werden – von *Corporate Identity* oder ähnlichen Zielen ist man hier weit entfernt.

Für die Wirtschaft gibt es unzählige Literatur, die sich mit der Qualität von Führungskräften und den jeweiligen Auswirkungen auf die Beschäftigten befasst – für den Bereich Schule gibt es deutlich weniger an Literatur oder an entsprechenden Maßnahmen. Das ist zunächst nicht weiter verwunderlich, hängt doch der Gewinn, der erwirtschaftet wird, mit der Führungsqualität von Vorgesetzten zusammen, während die entsprechenden Auswirkungen in Schulen als Non-Profit-Unternehmen nicht so deutlich in Zahlen zu messen sind. Unterschätzen Sie nicht den Einfluss, den die Führungsqualität von Schulleitungen auf die Einstellungen und Haltungen und auch auf die Professionalität von Kollegien hat. Dies wirkt sich ganz konkret auf die Qualität von Unterricht aus, und obwohl man sich solcher Tatsachen durchaus bewusst ist, ist es immer noch nicht möglich, diesbezüglich bei Bewerbungs- beziehungsweise Überprüfungsverfahren valide Ergebnisse zutage zu fördern – was auch damit zusammenhängen mag, dass diejenigen, die diese Überprüfungen vornehmen, hierin nicht zwangsläufig Experten sind.

Woran Sie ein kollegiales Kollegium erkennen können

Sie werden es bemerken, wenn die Menschen um Sie herum offen und einander zugewandt miteinander kommunizieren. In einem kollegialen Kollegium sind die zuvor beschriebenen Verhaltensweisen die Ausnahme; diejenigen, die auf »Das ist mein Platz!« beharren, in der Minderheit, und diejenigen, die zu Fachvorträgen neigen, auch. Schulfremde werden nach ihrem Begehr gefragt, anstatt finsteren Blicks übergangen zu werden.

In einer guten Schule ist der Informationsfluss breit und allen zugänglich, Aufgaben werden von der Schulleitung an diejenigen delegiert, die ein besonderes Sachinteresse haben, beschlossene Vorhaben werden umgesetzt, evaluiert und weiterentwickelt. (Ein offen oder verdeckt dissentes Kollegium mag zwar viel beschließen, es wird sich aber an Absprachen eher nicht halten.) Arbeitsteams und die Schulleitung sorgen dafür, dass die entsprechenden (Zwischen-) Ergebnisse zur Diskussion stehen, um gegebenenfalls modifiziert zu werden. Die Sitzordnung ist in allen Konferenzen dergestalt, dass ein Austausch von Angesicht zu Angesicht möglich ist – wer möchte schon mit Hinterköpfen kommunizieren? Auch die jeweiligen Verordnungen, die die Abläufe und die Zusammenarbeit regeln, werden eingehalten – Sie erinnern sich an die Ladefristen für Konferenzen –, und die Fürsorgepflicht für alle wird ernst genommen. Transparenz ist selbstverständlich, und es finden auch zumindest vereinzelt einvernehmlich gegenseitige Hospitationen statt. Gemeinsames Arbeiten geht über ein punktuelles gemeinsames Interesse hinaus, es finden ein gemeinsames Gestalten und auch ein gemeinsames Lernen statt. Kollegialität ist hier eine echte, das heißt solidarische Kollegialität; es geht nicht darum, Haltungen wie »Eine Krähe hackt der anderen kein Auge aus« oder »Nestbeschmutzer« zu pflegen: Solche Haltungen haben lediglich die Funktion, dafür zu sorgen, dass Türen geschlossen und gesichert bleiben.

Eine demokratische Schule wird Ihnen und Ihrem Wohlbefinden guttun – bedenken Sie aber dabei, dass guter Unterricht damit nicht automatisch gewährleistet ist, denn die Tatsache, dass Sie sich wohlfühlen, hat zunächst wenig Einfluss darauf, wie Sie Ihren Unterricht gestalten, während dies umgekehrt nicht gilt.

Sie und die anderen

Verständlicherweise wenden Sie sich zunächst an diejenigen, die freundlich und Ihnen zugewandt zu sein scheinen. Behalten Sie die sich entwickelnden Beziehungen im Auge, legen Sie Wert auf Aspekte wie Kollegialität, Kompetenz und Verlässlichkeit:

Herr Mertens ist ein neuer Referendar an der Schule und schließt sich Frau Faulhaber an, die immer freundlich und ausgeglichen und dazu noch witzig ist. Er wird mit ihr auf seinen Wunsch hin im Fach Mathematik doppelt gesteckt. Sobald der Stundenplan vorliegt, sagt Frau Faulhaber zu ihm: »Das ist für dich ja eine gute Übung, um zu sehen, wie du zurechtkommst. Am besten probierst du alleine aus, wie du im Unterricht klarkommst. Wenn du Probleme hast, kannst du mich jederzeit fragen.«

Herrn Mertens ist das recht, so sieht niemand, wenn er Fehler macht, und Frau Faulhaber genießt die gewonnene Freizeit.

Würden Sie auch so entscheiden? Wäre es Ihnen wichtiger, unbeobachtet zu sein, als von Beobachtungen in Ihrem Unterricht zu profitieren?

Herr Mertens hat eine wertvolle Hilfe nicht eingefordert und gleichzeitig für seine Zukunft Zeichen gesetzt: Die Wahrscheinlichkeit, dass er für konstruktive Kritik offen sein wird, ist relativ gering. Wie auch immer Sie selbst strukturiert sind und was dann entsprechend Ihre Bedürfnisse sein werden: Sehen Sie genau hin! Was brauchen Sie? Finden Sie es bei dieser Person? Hätten Sie Vertrauen zu ihr? Können Sie zwischen Ihrem aktuellen Bedürfnis und dem, was Sie langfristig benötigen, unterscheiden und entsprechend handeln?

Die sorgfältigen, fleißigen und auch hilfsbereiten Kolleginnen und Kollegen sind häufig diejenigen, die Ihnen am Anfang gar nicht so sehr ins Auge fallen werden: Suchen Sie nach ihnen! Wenn Ihnen echte Hilfe angeboten wird, sollten Sie sie annehmen.

Sie sind in einer Situation, in der Sie vieles noch nicht wissen. Bitte fragen Sie, wann immer Sie eine Information benötigen! Niemand erwartet, dass Sie alles wissen, und Sie brauchen sich weder dumm noch in irgendeiner Weise minderwertig zu fühlen. Ganz im Gegenteil: Sie erleichtern sich auch Ihr künftiges Berufsleben, wenn Sie dies mühelos tun können und wissen, dass keinerlei »Imageverlust« damit verbunden ist.

Für Fragen allerdings, die der Entwicklung Ihrer Professionalität dienen oder die strittige Sachverhalte thematisieren, sollten Sie sich Ihr Gegenüber sehr genau aussuchen. Menschen, die sich darüber definieren, dass sie anderen ihre »Fehler« vorhalten, sind zwar in Kollegien meistens in der Minderheit, aber Sie sollten trotzdem darauf achten, wem Sie etwas anvertrauen. Konkrete Fragen hingegen, die Sie stellen sollten, könnten sich beziehen auf

- das Schulprogramm (das Sie ohnehin verpflichtet sind zu lesen)
- das Schulcurriculum
- Beschlüsse zu Schulfahrten und Veranstaltungen
- Bewertungskriterien in Ihren Fächern

Fragen Sie auch Ihre jeweiligen Fachkonferenzleitungen danach, was sie für wichtig halten.

Setzen Sie sich, wann immer Sie Zeit haben, ins Lehrerzimmer und überlassen Sie sich Ihren Eindrücken: Sie brauchen die Kolleginnen und Kollegen, die Sie hier jenseits Ihrer Mitreferendarinnen und -referendare bestmöglich begleiten können. Treffen Sie hier eine professionelle Wahl!

Die Eltern

Da Sie in allen schulischen Zusammenhängen den unterschiedlichsten Menschen begegnen, gilt dies natürlich auch hier, wobei der Einzugsbereich Ihrer Schule eine besondere Rolle spielen kann: Sind hier überwiegend Vertreter der oberen Mittelschicht zu finden, kann es sein, dass Sie als eine Art Dienstleister/in betrachtet werden, nach dem Motto: »Sie werden dafür bezahlt, bringen Sie das mal in Ordnung«, oder: »Es kann gar nicht sein, dass...«

Auch wenn sich natürlich alle Eltern wünschen, dass ein anstehendes Problem schnell behoben wird (und vielleicht auch, dass Sie das ganz alleine hinbekommen), ist ein solches Verhalten nicht der Regelfall. Das andere Extrem sind Eltern, denen schulische Abläufe völlig fremd sind, die Sie als eindeutig überlegen betrachten (weil Sie gebildeter und mit Macht ausgestattet sind) und deren Blick auf Schule eher angstbesetzt ist.

Entsprechend werden die jeweiligen Rollen wahrgenommen, und Sie sollten angemessen (re)agieren können, d. h. sich über die Rollenanforderungen an Sie und Ihre eigene Rollendefinition im Klaren sein.

Was Eltern nicht wissen, deckt sich häufig so gar nicht mit dem, von dem wir glauben, dass sie es nicht wissen, und durch schriftliche Mitteilungen wird wenig geklärt. Häufig werden Bedenken oder Unklarheiten auch deshalb nicht angesprochen, weil man sich ihrer gar nicht bewusst ist, sie kommen dann nur zufällig zutage:

Frau Stock hat das Zeugnis ihrer 13-jährigen Tochter zur Kenntnis genommen, und ihr Blick bleibt bei drei entschuldigten Fehltagen hängen. Empört ruft sie den Klassenlehrer an. Der versucht sie zu beruhigen und ihr zu vermitteln, dass die Fehltage keinerlei Auswirkung auf irgendetwas haben würden, zumal sie ja entschuldigt seien. Frau Stock stutzt und fragt: »Wieso, stehen die dann nicht im Abschlusszeugnis?«

Achten Sie grundsätzlich darauf, dass Ihr Vorgehen transparent ist und Ihre Entscheidungen plausibel sind – das Geld für eine Tagesfahrt Monate vorher einzusammeln, damit »man es schon einmal hat«, wird nicht unbedingt auf Gegenliebe stoßen, und dass für viele Fächer viel Geld eingesammelt wird und dazu noch Klassenfahrten anstehen, sollten Sie als die Belastung erkennen, die es für etliche Eltern bedeutet.

Es wird überlegt, Lektüren grundsätzlich anschaffen zu lassen, obwohl die Schule bereits über entsprechende Klassensätze verfügt. Das Argument, auf diese Weise könne damit angemessen gearbeitet werden, findet weitgehend Zustimmung. Einem Einwand, bezogen auf die Erhöhung der Kosten für Eltern, die ja ohnehin für Arbeitshefte, CDs und Schulveranstaltungen zahlen müssten, begegnet der Schulleiter mit den Worten: »Da wird so viel Geld für Unsinn ausgegeben; dann kaufen sie sich eben eine Schachtel Zigaretten weniger.«

Wenn Eltern mit einem solchen Hinweis in die Pflicht genommen werden, drückt das einen Mangel an Achtung aus und überschreitet die Grenzen der Zuständigkeit. Wie würde es Ihnen gefallen, wenn jemand darüber verfügen würde, dass Sie für einen guten Zweck zu spenden haben und dafür auf das Glas Wein am Wochenende verzichten sollen? Würden Sie irgendjemandem die Entscheidungsgewalt darüber übertragen?

Der Elternabend

Sollten Sie einen Elternabend planen, achten Sie auf eine sozialverträgliche Uhrzeit und einen Termin, der nicht mit wichtigen Ereignissen (z. B. einem Fest oder einer Europameisterschaft) kollidiert. Sorgen Sie dafür, dass die Tagesordnung präsent ist und auch Elterninteressen beinhaltet. Solche Punkte könnten z. B. sein, was Sie gerade in Ihrem Unterricht wie planen oder wie Sie in bestimmten Situationen vorgehen oder was für Sie wichtige pädagogische und fachliche Ziele sind – darüber wollen Eltern gerne Bescheid wissen, denn schließlich sind ihre Kinder Ihnen und Ihrem Verhalten ausgesetzt – aus der Sicht mancher Eltern sogar ausgeliefert. Wählen Sie eine situationsangemessene Sprache (wobei Humor hier wie überall von Nutzen ist) und vermeiden Sie Fremdwörter oder Fachbegriffe – die Menschen, denen Sie sich gegenüber sehen, sind in der Regel keine Lehrer, und alle sollen Sie verstehen können. Missverständnisse schleichen sich leichter ein, als Sie denken, und anstelle einer Nachfrage findet eher eine Nachbesprechung des Elternabends auf dem Weg zum Auto statt. Um ins Gespräch zu kommen, können Sie durchaus Formen wählen, die Sie auch im Unterricht verwenden, z. B. ein Schreibgespräch als Einstieg oder Rückmeldung.

Denken Sie auch an die ganz konkreten Dinge: wann Sie nicht angerufen werden möchten, wie Sie verfahren, wenn Sie einen Kontakt für nötig halten, welche Kosten im Laufe des Schuljahres auf die Eltern zukommen, wie viele Klassenarbeiten in welchem Fach geschrieben werden und welche Veranstaltungen Sie planen.

Das Elterngespräch

Beratungsgespräche haben bestimmte Funktionen, nämlich

- Lern- und Leistungsberatung
- Laufbahnberatung
- Einzelfallhilfe

wobei Sie, wie gesagt, bedenken sollten, dass Prognosen nur eingeschränkt Gültigkeit haben. Eine detaillierte Kenntnis der Ressourcen und des Förderbedarfs des Kindes ist dagegen außerordentlich von Nutzen. Dies gilt besonders dann, wenn Sie bereits Ideen dazu entwickelt haben, wie eine Förderung aussehen könnte.

Wenn Sie ein Elterngespräch führen müssen oder wollen, sollten Sie schon der Einladung genügend Aufmerksamkeit widmen, dem Ort, den Sie dafür auswählen, und dessen Gestaltung. Gespräche zwischen Tür und Angel sind nur dann sinnvoll, wenn es um eine schlichte, unmissverständliche Informationsfrage geht.

Wie beim Elternabend auch sind Grundhaltungen wie Akzeptanz, Empathie und Authentizität für einen erfolgreichen Gesprächsverlauf unerlässlich, hinzu kommen noch Kommunikations-, Koope-

rations- und Selbstreflexionsfähigkeit, emotionale Stabilität und die Konzentration auf diese Situation.
Ganz schön viel, finden Sie? Stimmt, Elterngespräche führen zu können ist, besonders in Konfliktsituationen, eine Prüfung für Fortgeschrittene. Doch auch, wenn Sie dies noch nicht sind, können Sie mit einer gezielten Vorbereitung schon etliches klären:

- Was bedeutet Beratung für mich und welche Auswirkungen hat dies hier?
- Welche Situation liegt dem Elterngespräch zugrunde; was weiß ich darüber, was fehlt mir noch?
- Was ist Tatsache, was meine Vermutung?
- Wie definiere ich meine Rolle, meinen Anteil und wie den der Eltern?
- Was verspreche ich mir von diesem Gespräch, wie fokussiere ich es?
- Was weiß ich über die Vorstellungen und Wünsche der Eltern?
- Was könnte eine mögliche Zielvereinbarung sein?
- Welche weitergehenden (außerschulischen) Hilfen sind denkbar?

Sie können sich ruhig Notizen machen und sie mitnehmen. Eltern kommen in der Regel nicht in freudiger Erwartung zum Elterngespräch (es sei denn, sie haben Forderungen an Sie): Beziehen Sie dies in Ihre Vorbereitung mit ein!

Widerstände können Ängste vor der Situation oder der eigenen Überforderung verdecken. »Schule« steht nicht unbedingt für eine positive Konnotation, und viele Eltern betrachten ihr Kind als von der Lehrkraft abhängig – was ja nicht abwegig ist. Hinzu kommen unterschiedliche Wahrnehmungen und Erwartungen bezogen auf das jeweilige Kind: Hier kann eine gravierende Diskrepanz zwischen schulischem und häuslichem Umfeld bestehen.

Wenn Sie unerfreuliche Begegnungen verhindern wollen, sollten Sie folgende Aspekte bedenken:

- Es ist hilfreich, wenn Sie sich bewusst machen, welche Verhaltensweisen und/oder Konfliktstrategien bei Ihnen selbst eher negativ besetzt sind und deshalb Ihre eigene Haltung und Ihr Gesprächsverhalten beeinflussen oder beeinträchtigen können.

- Klären Sie im Vorfeld, was sich klären lässt. Bedenken Sie, dass unterschiedliche Vorstellungen von Umgangsformen und Strukturen (z. B. vom Tagesablauf – Anrufe in der Mittagszeit) ein Gespräch unnötig trüben können.
- Machen Sie sich unbedingt Gedanken über die Zuständigkeiten: Sie sind für den Bereich Schule und die entsprechenden pädagogischen Aufgaben zuständig, Eltern für den Erziehungsauftrag und das häusliche Umfeld. Das, was Sie an einen Tisch bringt, ist die Schnittmenge, die sowohl Probleme des Kindes selbst als auch solche der Zuständigkeiten beinhalten kann. Überlegen Sie also genau, was Sie von den Eltern wollen, sehen Sie in ihnen Ihre Kooperationspartner, die mit Ihnen das Ziel teilen, das Beste für dieses Kind zu erreichen. Stellen Sie dieses Ziel in den Mittelpunkt!
- Gehen Sie von der Sorge der Eltern aus – auch dann, wenn das Kindeswohl nicht im Vordergrund zu stehen scheint. Sollten Eltern überfordert sein (»Ich weiß nicht mehr, was ich noch tun soll!«), bleiben Sie möglicherweise allein; besprechen bzw. erläutern Sie aber auch in einem solchen Fall Ihr Vorgehen und entscheiden Sie dann notfalls allein, aber nicht gegen die Eltern.
- Grundsätzlich werden Sie sich um eine symmetrische Kommunikationssituation bemühen – das gelingt in den Bereichen Diagnose und Intervention nicht immer: Hier sind Sie die Expertin, der Experte, Sie entscheiden und haben damit die Kontrolle über das Gespräch. Das macht es für Ihr Gegenüber schwer, seine Autonomie zu bewahren, insbesondere, wenn Sie das Gespräch veranlasst haben.
- Liegt dem Gespräch eine belastete Lehrer-Schüler-Interaktion zugrunde, können Sie davon ausgehen, dass die Erfolgsaussichten äußerst gering sind. In diesem Fall sollten Sie jemanden dazubitten, dessen unbelasteter Blick hilfreich sein könnte – es geht allerdings nicht um Schützenhilfe!
- Vermeiden Sie Schuldzuweisungen jeglicher Art – die führen sofort ins Aus. Verfährt Ihr Gegenüber so, bleiben Sie gelassen und lenken immer wieder auf die anstehende Frage oder auf das Ziel.

- Vermeiden Sie Ursache-Wirkungs-Prinzipien. Meistens handelt es sich um ein komplexes Ursachengeflecht – Sie können Verhaltensmuster thematisieren, die Entwicklung geeigneter Strategien und das Einbeziehen von Ressourcen besprechen.
- Gemeinsam arbeiten zu wollen ist Ihr Ziel – »Kumpanei« schadet dem Kind und der Sache und weist die Verantwortung dem Kind zu, während Sie als Erwachsene Hilflosigkeit zeigen.
- Besinnen Sie sich auf Ihre Kenntnisse über Ursachen und Formen von Aggression: Sehen Sie die Angst oder die Ratlosigkeit hinter dem Auftreten, ehe Sie auf die Aggression reagieren; tragen Sie Ihrerseits nicht zu einer negativen Dynamik bei, indem Sie z. B. unerwünschte Informationen geben; sorgen Sie dafür, dass auch die räumliche Distanz nicht unterschritten wird: Wenn Sie sich über den Tisch lehnen, dringen Sie in die Schutzzone Ihres Gegenübers ein.
- Achten Sie insgesamt auf eine entspannte, zugewandte Haltung.
- Wählen Sie Ihre Formulierungen mit Bedacht; so drückt »Was ist das Problem?« eine Sachbezogenheit aus, »Was ist Ihr Problem?« weist das Problem und dessen Lösung (zunächst) in den Zuständigkeitsbereich Ihres Gesprächspartners oder Ihrer Gesprächspartnerin, während es sich mit »Mein Problem ist …« zwar umgekehrt verhält, aber als Kritik aufgefasst werden kann.
- Rufen Sie Positives in Erinnerung. Formulieren Sie Ihre Kritik konkret und auf eine Situation bezogen – Generalisierungen sind tabu.
- Richten Sie gemeinsam den Blick nach vorn: Vergangenes dient nur dazu, das Problem in den Blick zu nehmen; die Lösung muss eine zukunftsorientierte sein.
- Wenn es irgendwie möglich ist, sollten Sie gemeinsam und in gemeinsamer Verantwortung Lösungswege entwickeln und deren konkrete Umsetzung planen. Vereinbaren Sie, wer was übernimmt, wie Sie in Kontakt bleiben und worüber Sie sich austauschen wollen.

Wenn Sie nach einem Gespräch auseinandergehen und die Eltern Sie als zugewandt und lösungsorientiert erlebt haben, haben Sie für die Arbeit mit dem betreffenden Kind viel gewonnen.

Lebensraum Schule

»Was alle angeht...

... müssen alle lösen«, schreibt Friedrich Dürrenmatt im Zusammenhang mit seinem Stück »Die Physiker«. Teilen Sie seinen Standpunkt? Nicht gemeint ist allerdings ein Persilschein für Untätigkeit: Ich kann allein sowieso nichts ändern, also kann ich mich auch zurücklehnen. Häufig wird eine individuelle Lösung verfolgt, anstatt ein (verbrieftes) Recht für alle einzufordern:

Frau Kiebitz, neu im Schuldienst und neu an der Schule, ruft frühmorgens in der Schule an, weil ihre dreijährige Tochter plötzlich erkrankt ist und sie um diese Uhrzeit keine Lösung findet. Der Schulleiter selbst nimmt das Gespräch entgegen. Frau Kiebitz erklärt ihm die Situation und bittet ihn, sie für diesen Tag zu entschuldigen. Der Schulleiter fordert sie auf, unverzüglich in die Schule zu kommen. Frau Kiebitz, verwirrt durch die Situation und den barschen Ton, fragt: »Wollen Sie damit sagen, dass ich mein krankes Kind in den Kindergarten bringen soll?«, und sie bekommt zu hören, dass genau dies von ihr erwartet werde. Mit einem »Nein, das tue ich nicht!« beendet sie das Telefonat. Am nächsten Tag fragt sie die Kolleginnen im Lehrerzimmer, wie sie es denn handhaben würden, wenn ihre Kinder erkrankten, und bekommt jeweils zur Antwort: »Ich melde mich selber krank.«

Natürlich ist dieser Weg deutlich bequemer als der, das, was allen zusteht, auch als solches einzufordern. Dieses Beispiel entspricht dem bereits genannten zu den Ladefristen für Konferenzen: Wie beurteilen Sie die Situation hier? Sie könnten für sich selbst wahrscheinlich meistens eine Lösung für den Einzelfall finden – aber wie wünschenswert ist das? Was bedeutet es für die Gemeinschaft, für deren Rechte und Pflichten? Wie hoch ist die Wahrscheinlichkeit, dass ein laxer Umgang mit Ihren Rechten seitens der Schulleitung einen ebenso laxen Umgang mit Ihren Pflichten Ihrerseits nach sich zieht? Sie sollten dabei bedenken, dass ein offener Umgang innerhalb des Kollegiums und eine vertrauensvolle Zusammenarbeit mit der Schulleitung von hoher Bedeutung für Ihre Arbeitszufriedenheit und damit auch für Ihre Gesundheit sind.

Sie benötigen einen sicheren Hafen, wenn Sie sich täglich in ungewisse Gewässer begeben, aus denen Sie nicht immer erfolgreich zurückkehren werden.

Hier gibt es so viele Dinge, die wir wissen sollten, aber häufig eben nicht wissen:

Wussten Sie,

- dass Aggression bei Jungen Anzeichen einer Depression sein kann,
- dass Kinder unter zwölf Jahren Ironie nicht verstehen,
- dass Verträumtheit Ausdruck einer bestimmten Form von Epilepsie sein kann,
- dass Schulverweigerer häufig nicht die Schule verweigern, sondern das Verlassen der elterlichen Wohnung?

Dass unsere Ausbildung nicht abdeckt, was wir wirklich benötigen, ist die eine Seite – dass Teil unseres Berufsverständnisses aber auch sein muss, unser Wissen, unsere Kompetenzen, unser Instrumentarium zu erweitern, zu verfeinern, zu modifizieren, die andere.

Wie ist z. B. dem Problem zu begegnen, dass immer mehr Jungen ein männliches Rollenmodell fehlt bzw. dass sich das Modell aufgelöst zu haben scheint?

Wir können immer weiter voneinander lernen – und wenn die Erkenntnis nur darin besteht zu begreifen, was Sie nicht wollen: Erfahrung ist nicht die Summe Ihrer Erlebnisse, sondern das, was Sie an Erkenntnis daraus gewonnen haben.

Für uns in unserer Rolle und Funktion als Lehrerin oder als Lehrer gilt das Gleiche, was für uns als Menschen gilt: Wir entwickeln uns immer weiter. Oder doch nicht? »Ich bin doch kein Sozialarbeiter!«, sagt der Kollege empört und verschränkt die Arme vor der Brust. Doch, das sind wir. Wir haben es nicht intendiert, wir haben es nicht studiert, wir sind keine Experten und wir haben keinen echten Auftrag. Dennoch sind wir auch Sozialarbeiterinnen und Sozialarbeiter, beauftragt durch Fakten, geschaffen in Gestalt der Kinder, die wir vor uns haben. Das möchten Sie aber nicht? Das wird sich nicht vermeiden lassen, wenn Sie für Ihren Unterricht wollen, dass er Ergebnisse zeitigt. Wenn Sie an der schulischen Wirklichkeit vorbei unterrichten, werden die Reibungsverluste irgendwann so hoch sein, dass Sie aufgerieben sind – und Ihre Lerngruppen auch.

An Ihrer Schule ist die Schulsozialarbeit installiert? Das ist großartig – es ist zu wünschen, dass dies an allen Schulen der Fall wäre. Das bedeutet aber nicht, dass Sie sich der Schwierigkeiten entledigen, indem Sie die betroffene Schülerin oder den Schüler an die Schulsozialarbeit überweisen. Hier müssen eine Problematisierung und eine Auftragsklärung stattfinden, und die Schulsozialarbeit sollte ein klar umrissenes Arbeits- und Aufgabenfeld haben.

Selbst wenn dies an Ihrer Schule der Fall ist und es z. B. zu den Aufgaben der Schulsozialarbeiterin oder des Sozialarbeiters gehört, den Trainingsraum zu betreuen, bleiben ein Austausch und eine Kooperation notwendig: Als Lehrerin oder Lehrer sind Sie ja möglicherweise zunächst Teil des Problems.

Tatsache ist, dass die Frustrationstoleranz bei den Schülerinnen und Schülern sinkt. Dafür brauchen Sie emotionale Stabilität (nicht zu verwechseln mit einem dicken Fell) und definierte pädagogische Ziele. Sie benötigen auch Strategien, wie Sie diese Ziele erreichen bzw. umsetzen können. Dazu gehören so überaus alltägliche Qualitäten wie Konsequenz, Verlässlichkeit, Klarheit. Dazu gehört aber auch eine gezielte Förderung der Sozialkompetenz Ihrer Lerngruppen: Um kooperative Lernformen in einen schülerbezogenen Kontext zu stellen, tatsächlich eine Brücke zwischen Schule und Lebenswirklichkeit, zwischen Sache und Person zu schlagen, sollten Sie sich die Zeit nehmen (lassen), mit ihren Lerngruppen zu üben. Sie finden etliches an Material dazu unter den Stichwörtern Theater/Darstellendes Spiel, Lions-Quest, Streitschlichtung und Kommunikation. Sie werden feststellen, dass es möglicherweise Unterrichtszeit kostet, Ihnen aber Unterrichtszeit bringt, wenn Sie sich gemeinsam mit Aspekten wie Angst, Toleranz, Wertschätzung, Gemeinsamkeiten (auch im Sinne von Stärken und Schwächen) auseinandersetzen. Wenn Sie Ihren Schülerinnen und Schülern einen angstfreien, empathischen Umgang miteinander ermöglichen, ihr Selbstwertgefühl stärken, wird dies für das gemeinsame Arbeiten Früchte tragen. Sie brauchen überhaupt nicht zu befürchten, hier irgendetwas nicht zu können; Schülerinnen und Schüler probieren gerne aus und haben durchaus einen klaren Blick dafür, was sich hier erkennen, erfahren, erlernen lässt. Ich bin der Auffassung, dass kooperative Unterrichtsformen einen solchen Unterbau benötigen, um überhaupt hinreichend wirksam, d. h. tatsächlich verankert zu werden: Häuser ohne Fundament taugen auch hier wenig.

Von der Notwendigkeit, offen zu sein und es zu bleiben

Das Schlagwort »lebenslanges Lernen« weckt Assoziationen wie »verurteilt zu lebenslänglich« und Fragen wie »Was soll das Reiseziel sein?«.

Es ist eine unglückliche Formulierung für etwas, das eigentlich selbstverständlich sein sollte: offen zu sein, neugierig zu sein, lernen zu wollen. Um noch einmal den Arzt zu bemühen: Würden Sie sich in seine Hände begeben, wenn Sie wüssten, dass er sich seit zwanzig Jahren nicht weitergebildet hat?

Eine neue Unterrichts- und Aufgabenkultur erfordert, dass wir uns mit ihr auseinandersetzen, und zwar gemeinschaftlich. Es ist wenig nützlich, wenn Einzelne sich in neue Gefilde vorwagen; ein Effekt stellt sich erst ein, wenn eine akzeptable Minderheit des Kollegiums (etwa 30 Prozent) entsprechend verfährt. Wirklich wirkungsvoll werden neue Lern-/Unterrichtsformen erst bei etwa zwei Dritteln.

Lernprozesse wurden auch früher schon ins Zentrum gerückt, allerdings aus einer anderen Perspektive und mit einer anderen Zielsetzung: Damals galt es, das einzelne Individuum zu fördern, um es zu einem mündigen Bürger zu machen, heute wird eher eine gesellschaftliche Orientierung bezogen auf den Arbeitsmarkt fokussiert. Allerdings wird eine Veränderung der Unterrichts- und Aufgabenkultur heute sehr viel konsequenter und strukturierter verfolgt als damals; es ist ein Überbau geschaffen worden, und die Aufforderung richtet sich an alle. Auch stehen jetzt die Neurowissenschaften Pate, was zu einem echten Paradigmenwechsel hinsichtlich der Rolle von Lernprozessen führt. Noch nie wurden sie so umfassend untersucht und so umfassend in die Verantwortung der Lernenden abgegeben, ob die Konzepte nun »Selbst reguliertes Lernen« (SRL) mit dem Schwerpunkt Lernstrategien, »Selbst organisiertes Lernen« (SOL) mit dem Schwerpunkt der Verantwortung für die eigenen Lernprozesse oder anders lauten: Hier sind Ihre Offenheit und Ihre Veränderungsbereitschaft gefragt.

Offen sein sollten Sie auch gegenüber der Vorstellung, dass die Ergebnisse im Bildungsbereich überprüfbar sein sollten – warum sollten wir allein in einem bewertungsfreien Raum agieren? Aufgrund dessen hat eine zunehmende Versachlichung stattgefunden, die aber nicht darüber hinwegtäuschen kann, dass es ausgesprochen problematisch ist, geeignete Messinstrumente zu finden, die erstens ganz unterschiedlichen Gelingensbedingungen und zweitens dem Faktor Interaktion hinreichend Rechnung tragen (können).

Dennoch: Unabhängig davon, ob die Schulinspektion den papiernen Aussagen der Schulleitung mehr Beachtung schenkt als der gelebten Wirklichkeit, sollten Sie für sich überlegen, an welcher Stelle Sie in welcher Form für sich evaluieren können.

Das gilt für alles, was Sie an neuen Ideen einbringen wollen (mit der Frage »Wie lässt sich die Wirkung überprüfen?«), und für das, was Sie täglich im Unterricht leisten: Fordern Sie eine Rückmeldung Ihrer Lerngruppen ein, so wie Sie umgekehrt eine geben!

Sie müssten für sich selbst klären, was dies für Sie, für Ihre Haltung, Ihre Ziele und Ihre Berufsauffassung bedeutet und wo Sie anknüpfen können – in dem Wissen, dass die heutigen Ziele nicht in Stein gemeißelt sind. Um tragfähige Entscheidungen treffen zu können, wäre es gut, Sie würden sich mit den Anforderungen vertraut machen:

- Teamfähigkeit
- Sachorientierung
- Lernbereitschaft in einer Lerngemeinschaft
- Bereitschaft zur Evaluierung
- Offenheit als Grundhaltung

Diese Anforderungen im Vorfeld abzulehnen wäre gleichbedeutend mit einer Kapitulation. Gelegentlich ist, insbesondere von Kolleginnen, zu hören: »Jetzt soll alles falsch sein, was ich 30 Jahre lang gemacht habe?« Nein. Natürlich nicht. Es ist ja nicht so, dass über Jahrzehnte alles unverändert blieb, während jetzt plötzlich gefordert wird, völlig umzudenken. Dieser Beruf hat sich immer verändert und weiterentwickelt, und dass der Anteil an Frontalunterricht zu hoch sei, wurde schon vor mehr als dreißig Jahren problematisiert.

Wer für neue Erkenntnisse und deren Umsetzung im Verlauf der Zeit offen geblieben ist, findet so sehr viel Neues jetzt nicht vor. Die Anforderungen an den Lehrerberuf sind naturgemäß fließend und stehen in Wechselwirkung mit gesellschaftlicher Entwicklung und wissenschaftlichen Erkenntnissen.

Ein Beispiel zur Verdeutlichung: Die Einführung der Koedukation war ein wichtiger Schritt, auch bezogen auf gesellschaftliche Veränderung; es wurden Tabus und Vorurteile in verschiedener Hinsicht hinterfragt oder sogar überwunden. Später begann man sich zu fragen, ob es für Mädchen nicht von Nachteil sei, insbesondere in den naturwissenschaftlichen Fächern gemeinsam mit Jungen unterrichtet zu werden, und heute fragt man auch aus der Perspektive der Jungen, inwieweit man angesichts der Tatsache, dass von ihnen ein eher »weibliches« Verhalten gefordert werde, ihre Entwicklung behindere.

Aus der Vogelperspektive wird erkennbar, dass die Folgen dessen, was als wünschenswerter Fortschritt unübersehbar Zeichen setzt, erst durch die gelebte Erfahrung in allen Facetten erkennbar werden: Das Thema »Gender« wird uns noch einige Zeit beschäftigen, und jede Lösung kann nur eine vorläufige sein – entsprechend der Tatsache, dass das Geschlechterverhältnis insgesamt ein dynamisches ist. Arbeit in Schule bedeutet in erster Linie Arbeit in Beziehungen – und so bleibt sie generell und in jeder Hinsicht eine dynamische.

Fortbildungen

Damit Sie dies auch einlösen können, sind Fortbildungen unerlässlich, wenn Sie an Schul- und Unterrichtsentwicklung teilhaben wollen. Leider sind Fortbildungen nicht unbedingt effizient:

Es stellt sich zunehmend heraus, dass die Idee von »Synergieeffekten« durch Multiplikatorinnen und Multiplikatoren nicht trägt. Das Wissen bleibt isoliert und versickert irgendwann, wenn es vom Kollegium nicht abgerufen wird: Es einzufordern und den schulinternen Fortbildungsplänen einen hohen Stellenwert zuzuordnen ist ein wichtiger Bestandteil von Schulkultur.

Ein weiteres Problem ist, dass der Kenntnis- und Erfahrungsstand der Teilnehmerinnen und Teilnehmer häufig so unterschiedlich ist, dass der Spagat kaum machbar ist und insbesondere engagierte Kolleginnen und Kollegen eher frustriert sind und sich für sie ein Gefühl von Zeitverschwendung einstellt.

Selbst wenn Fortbildungsveranstaltungen schulintern stattfinden und vom Kollegium gut angenommen werden, ist die Wirkung nicht zwangsläufig garantiert:

A

An der Schule A findet eine pädagogische Konferenz statt. Ein externer Fachmann stellt ein neues Unterrichtsverfahren vor, das den Unterricht erkennbar verändern würde und das dem Kollegium sinnvoll erscheint: Fasziniert hängt es an den Lippen des Experten.

In den Wochen darauf kann man überall Lerngruppen beobachten, die sich damit befassen – es wird so intensiv ausprobiert, dass sich manche der Schülerinnen und Schüler wünschen, es würde davon wieder Abstand genommen (sie sind hier nämlich besonders in der Verantwortung). Das Kollegium bittet um eine vertiefende Fortbildung bei der nächsten pädagogischen Konferenz, was von der Schulleitung zunächst zu- und dann doch abgesagt wird.

Das allgemeine Ausprobieren wird weniger, das Konzept wird dann nur noch von einzelnen Kolleginnen und Kollegen im Unterricht verwendet, und es kehrt trotz gelegentlicher Appelle durch die Schulleitung wieder Ruhe ein.

Hier wird erkennbar, dass ohne vertiefende und begleitende Maßnahmen die besten Ideen nicht fruchten – und für das Kollegium bleibt womöglich die Erkenntnis, dass man sich besser nicht engagiere, denn es führe ja sowieso nirgendwohin.

Deshalb benötigt Schule eine Sicherung der Schulentwicklung auch in Form von Steuerung, z. B. durch Steuergruppen. Wenn Sie hier Interesse entwickeln, hat dies auch einen positiven Einfluss auf Ihre berufliche Entwicklung insgesamt. An dieser Stelle ist auch strategisches Denken gefragt: Wo können Sie sich mit Aussicht auf Erfolg engagieren, und wer sind Ihre Mitstreiterinnen oder Mitstreiter?

B

An der Schule B findet zum gleichen Anlass die gleiche Fortbildung statt. Auch hier sind die Kolleginnen und Kollegen fasziniert; und es bildet sich sofort eine relativ große Arbeitsgruppe, die sich zu diesem Unterrichtsverfahren vertiefend fortbildet und die ihre Ergebnisse und Erfahrungen den anderen zugänglich macht. Es wird ein Reader erstellt, neue Kolleginnen und Kollegen werden in die Weiterbildung eingebunden, und die Gruppe, zu der auch der Schulleiter gehört, vergrößert sich zunehmend. Zwei Jahre später ist diese Schule eine sogenannte »Leuchtturmschule« für dieses Unterrichtsverfahren.

An diesem Beispiel wird deutlich, was daraus werden kann und wie schnell sich eine ganze Schule verändert wenn die Initialzündung genutzt und in ein gleichmäßig brennendes Feuer verwandelt wird.

Was als Problem offensichtlich ist, wird bei Fortbildungen insgesamt noch verschärft, wenn

- sie punktuelle (externe) Veranstaltungen bleiben.
- nur einzelne Kolleginnen und Kollegen einer Schule daran teilnehmen.
- das Interesse des Kollegiums begrenzt ist.
- die Umsetzung nicht begleitet bzw. nicht weiterverfolgt wird.
- die Umsetzung nicht evaluiert und weiterentwickelt wird.

Zudem gilt in aller Deutlichkeit, was ein Fortbildner kürzlich etwas salopp so formuliert hat: »Es gilt die alte Hausfrauenregel: Die Treppe wird von oben geputzt.« – Woran also die Schulleitung kein Interesse hat, brauchen Sie nicht weiterzuverfolgen, weil Sie es ohnehin nicht werden umsetzen können.

Bitte missverstehen Sie dies nicht als Appell, sich Fortbildungen doch besser zu schenken, ganz im Gegenteil: Halten Sie die Augen offen, wo Sie sich was wie nutzbar machen können, und betrachten Sie Fortbildungen als integrativen Teil Ihres Arbeitsprogramms: Sie gehören dazu, und Sie sollten Ihr Wissen teilen. Ohne Fortbildung nimmt Ihre Professionalität ab und es schleichen sich alte Muster wieder ein, die jede Entwicklung behindern. Es bleibt zu hoffen, dass sich dies eines Tages erkennbar in den Strukturen und Organisationsformen wiederfindet: Fortbildungen gehören auch in Ihren Schulalltag, sollten Teil Ihres täglichen Stundenplans sein und von Fachleuten vor Ort betreut und nachbereitet werden. Dennoch erfüllen auch externe Fortbildungsveranstaltungen eine überaus wichtige Funktion: Sie ermöglichen einen schulübergreifenden Erfahrungsaustausch und helfen, Netzwerke zu knüpfen und zu erweitern. Auch ist es wichtig für Sie, andere Lernorte zu besetzen.

Schulentwicklung

Schulentwicklung führt uns alle als Schulgemeinde zusammen, hat Auswirkungen auf alle und erfordert deshalb zumindest ein Nachdenken oder sogar eine aktive Beteiligung. An den folgenden Schulbeispielen lässt sich dies veranschaulichen:

A

Die Schulleitung der Schule A möchte sich vom 45-Minuten-Takt der Stunden verabschieden und auf 90 Minuten umsteigen. Auf einer Gesamtkonferenz wird kurz dargestellt, warum man dies für sinnvoll hält (Vereinfachung von projektorientiertem Arbeiten; mehr Ruhe in den Gängen). Die Gesamtkonferenz stimmt ohne Gegenstimmen dafür. Die gleiche Information erhält die Schulkonferenz. Der Gong wird abgeschafft, die kleine Pause zwischen den einzelnen Stunden wird abgeschafft, die großen Pausen werden entsprechend verlängert und die Schule hat ein »Doppelstundenkonzept«. Dauer der Vorbereitungsphase: zwei Monate; Dauer der Implementierungsphase: keine; Evaluation: keine.

B

Die Schulleitung der Schule B möchte sich vom 45-Minuten-Takt der Stunden verabschieden. Ein Schulleitungsmitglied beleuchtet die Fragestellung von verschiedenen Seiten und besucht eine Schule, die das gewünschte Zeitkonzept umgesetzt hat. Auf einer pädagogischen Konferenz wird mit dem Kollegium und Vertretern der Eltern- und Schülerschaft unterschiedlichen Fragen nachgegangen:

- Welcher Stundenrhythmus ist aus Sicht des Kollegiums (für sich selbst, für die Schülerschaft), der Eltern- und Schülerschaft sinnvoll?
- Welche wissenschaftlichen Erkenntnisse fließen hier ein?
- Welche Auswirkungen hat dies auf Lerninhalte und Unterrichtsformen? (Auch hier werden Erkenntnisse der Neurowissenschaften berücksichtigt.)

Erfahrungsberichte von Kollegen und Kolleginnen einer Schule, die die Erprobungsphase bereits hinter sich hat, bzw. von solchen, deren Schule sich noch im Umbruch befindet, werden gehört, um zu sehen, wie das Ergebnis aussehen kann bzw. mit welchen Problemen zu rechnen ist. Weitergehend Interessierten wird entsprechendes Material zur Verfügung gestellt.
Es werden Überlegungen dazu angestellt, welche Themen sich bezogen auf die Unterrichtsgestaltung daraus für den schulinternen Fortbildungsplan ergeben und wie die jeweiligen Interessen sind.

Probleme wie der Umgang mit Hausaufgaben, die Gestaltung des Stundenplans, die Zusammenarbeit mit den Verkehrsbetrieben werden angesprochen.
Anschließend werden interessierte Kollegen und Kolleginnen der Schule B zu Unterrichtshospitationen an Schulen mit verändertem Zeitkonzept freigestellt, es wird dafür ein ergebnisoffener Evaluationsbogen entwickelt und später ausgewertet.
Erst dann findet eine Gesamtkonferenz mit dem Ziel der Auftragserteilung und der Konstituierung einer Arbeitsgruppe statt. Von der Schulleitung wird eine Zweidrittelmehrheit erhofft, damit das Konzept eine tragfähige Basis findet – die sie am Ende auch mindestens erhält.
Dauer der Vorbereitungsphase: 14 Monate, Dauer der Implementierungsphase: 1 Jahr; Evaluation: nach 3 Jahren.

Die Auswirkungen bei Schule A:

Das Kollegium muss sich zwar zunächst nicht mit der Frage auseinandersetzen, aber, wie die Schülerschaft auch, mit den Folgen leben. Viele Kolleginnen und Kollegen gehen unreflektiert und ohne ihre jeweiligen Unterrichtsvorbereitungen wirklich zu verändern in die neue Rhythmisierung. Das bedeutet im Klartext: Für sie wird die Belastung höher, weil sie die gleiche Menge an Unterricht vorbereiten, der dann bei den Lernenden weniger Wirkung zeigt – was aber durchaus seine (unerwünschte) Wirkung hat: Mehr vom Gleichen macht den Unterricht nicht besser. Erleichtert wird der Unterricht allerdings für diejenigen, die ohnehin offene Unterrichtsformen bevorzugen.

Für die Schülerschaft bedeutet es unter Umständen mehr Hausaufgaben (»Ich sehe sie ja jetzt seltener, da muss ich auch mehr aufgeben.«), die sie in Eigenregie über die Woche zu verteilen hat, ohne dazu angeleitet worden zu sein. Es bedeutet mehr Langeweile für die, die Frontalunterricht oder Lehrervorträge erdulden müssen, und Irritation für diejenigen, die sich kurzerhand zwei Einzelstunden im gleichen Fach, aber ohne Pause gegenübersehen. Auf den Gängen ist es allerdings tatsächlich ruhiger geworden, wobei in den nach wie vor vorhandenen Einzelstunden (bei drei- oder fünfstündigem Unterricht) durch die nötigen Raumwechsel ohne Pause Hektik ausbricht und Unterrichtszeit verloren geht.

Die Auswirkungen bei Schule B:

Die Einführungsphase wird von allen als schwierig empfunden; andererseits wissen sie, was der Gewinn am Ende sein wird:

Hier wird es nicht nur auf den Gängen ruhiger, sondern auch der Unterricht wird entspannter. Da sich die Gremien für ein 60-Minuten-Konzept entschieden haben, fällt selbst für die Vorbereitung von »herkömmlichem« Unterricht die Mehrbelastung pro Stunde kaum ins Gewicht. Schwerer wiegt dagegen, dass weniger Unterrichtsstunden pro Tag vorbereitet werden müssen.

Erkenntnisse aus den begleitenden Fortbildungsmaßnahmen zur Unterrichtskultur finden Eingang in die konkrete Unterrichtsvorbereitung.

Ein weiteres Beispiel:

A
Die Schulleitung der Schule A plant ihre eintägigen pädagogischen Konferenzen folgendermaßen: Die Schulleitung legt die Themen fest und ordnet die einzelnen Kolleginnen und Kollegen zu. Dies wird ihnen in Form einer Liste einige Tage vor der Veranstaltung mitgeteilt. Am Ende der pädagogischen Konferenz werden einige Beschlüsse gefasst, eine koordinierte und strukturierte Weiterarbeit und/oder eine Auswertung findet nicht statt.

B
Die Schule B hat die Vorbereitung der pädagogischen Konferenzen als Rotationsprinzip in die Hände der jeweiligen Fachschaften gelegt. Es werden Themen- und Verfahrenswünsche aus dem Kollegium und von der Schulleitung gesammelt und Listen ausgehängt, in die sich alle eintragen können. Kolleginnen oder Kollegen, die dies nicht tun, werden angesprochen und notfalls zugeordnet. Die Ergebnisse der Konferenz fließen in den schulinternen Fortbildungsplan ein bzw. werden von einzelnen Arbeitsgruppen weiterverfolgt und in den entsprechenden Konferenzen vorgestellt und abgestimmt.

Hier ist für Sie vielleicht eher erkennbar, welche Auswirkungen es hat, wenn Prinzipien der Partizipation verfolgt werden. Es wäre ja auch völlig unverständlich, wenn das, was für Schülerinnen und Schüler gilt, für die Lehrenden nicht gelten sollte: Nur da, wo Sie ernst genommen und in Entscheidungs(findungs)prozesse solcher

Art einbezogen werden, werden Sie sich als Mensch und in Ihrer Profession anerkannt und respektiert fühlen können; wo dagegen über Ihren Kopf hinweg entschieden wird, werden Sie ihn irgendwann entweder einziehen oder vor die Wand rennen.

Allerdings sollten Sie sich auch darüber im Klaren sein, dass Beteiligung ohne ein Mehr an Arbeit nicht zu haben ist oder, genauer formuliert, dass dies als Teil Ihrer Arbeit zu betrachten ist. Sie können Ihren Blickwinkel natürlich auf Ihre Lerngruppen oder gar noch weiter verengen. Abgesehen von der Frage, wie professionell Sie dann wären, wage ich die Behauptung, dass es Sie auf die Dauer nicht zufriedenstellen würde: Ein (resignativer) Rückzug führt in die gesundheitliche Belastung.

Flache Hierarchien schränken den Handlungsspielraum von Schulleitungen ein und erfordern ein konsequentes Umdenken – steile Hierarchien bieten aber keine sinnvolle Alternative: Indem für andere entschieden wird, entscheiden die sich für den Ausstieg. Bedenken Sie, dass wir die Schulleitungen haben, die wir verdienen. Fordern Sie für sich und Ihr Kollegium konstruktive Arbeitszusammenhänge ein, die Sie und Ihre Schule voranbringen.

Vom Umgang mit Macht

Was Macht bedeutet

Was löst das Wort »Macht« in Ihnen aus? Sicherheit, Beunruhigung, Indifferenz? Das Phänomen Macht zieht sich durch nahezu alle Lebensbereiche, und unser aller Verhältnis zu Macht ist davon beeinflusst, wie wir Macht erlebt und wahrgenommen haben:

Wenn der Missbrauch von Macht Teil Ihrer Sozialisation ist, werden Sie mit großer Wahrscheinlichkeit ein gebrochenes Verhältnis zu ihr haben und sollten behutsam mit ihr umgehen.
Aber auch wenn Ihr Selbstwertgefühl dadurch beeinflusst oder bestimmt wird, dass Sie sich nicht hinreichend kompetent fühlen, unter Ihrer Herkunft oder Ihren aktuellen Lebensbedingungen leiden, sollten Sie vorsichtig sein: In diesem Fall ist Macht kein geeignetes Regulativ – lösen Sie das Problem, anstatt es mit Macht zu kompensieren.

In einem System, in dem ein großer Teil der Arbeit aus Beziehungsarbeit besteht, bekommt Macht eine besondere Dynamik. Sie ist eng verwandt mit Autorität und Verantwortung, wobei Letztere nicht selten als Alibi der Machtsicherung dient. Im folgenden Beispiel kommt Machtmissbrauch in der Verkleidung von Verantwortung daher:

Herr Krause ist mit seiner R10 auf Abschlussfahrt in der Großstadt. Als Regel legt er unter anderem fest, dass die Schülerinnen und Schüler sich zwar in Kleingruppen allein bewegen dürfen, aber abends um 20.00 Uhr in der Jugendherberge zu sein und um 22.00 Uhr in den Betten zu liegen haben.

Natürlich erklärt Herr Krause, dass er für die Sicherheit und das Wohlergehen seiner Schülerinnen und Schüler verantwortlich sei und dass sie deshalb früh am Abend wieder im Haus sein sollten. Diese Regelung ist für ihn aber zugleich sehr bequem. Zu bequem? Macht hängt aber auch mit Würde und Respekt zusammen. Das sehen Sie nicht so? In der Negierung wird es deutlicher: Machtmissbrauch ist ohne Respektlosigkeit dem anderen gegenüber nicht denkbar:

Herr Kurz gibt Klassenarbeiten zurück und kommentiert sie dabei. Vor dem Tisch von Sebastian bleibt er stehen und sagt für alle deutlich hörbar: »Du hast natürlich wieder eine Fünf geschrieben, von dir habe ich auch gar nichts anderes erwartet. Du wirst es nie raffen!«

Wer weiß, was Sebastian zu leisten in der Lage ist – unter diesen Umständen jedoch wird er das Bild, das Herr Kurz von ihm hat, zwangsläufig immer wieder bestätigen (müssen).

Macht bedarf, wie Freiheit auch, der Definition, und sie verlangt nach Ausübung: Sie können sich dem nicht entziehen! Sie ist notwendiger Bestandteil Ihres Berufes, und sollten Sie davon nichts haben wollen, werden Sie erst recht zur Kasse gebeten werden. Macht spielt im Lebensraum Schule auf allen Ebenen eine Rolle:

- Sie haben Macht gegenüber den Schülerinnen und Schülern.
- Ihr Ausbilder hat Macht Ihnen gegenüber.
- Innerhalb des Kollegiums wird Macht ausgeübt (nach Kompetenz, nach Dienstalter, nach Stellung innerhalb des Kollegiums).
- Die Schulleitung hat Macht gegenüber dem Kollegium, der Schülerschaft und der Elternschaft.
- Die Schulaufsicht hat Macht gegenüber den Schulleitungen, den Kollegien und der Schüler- und Elternschaft.

Da Sie ihr nicht ausweichen können: Definieren Sie sie für sich, betrachten Sie sie als ein notwendiges Instrument, das Sie bewusst nutzen – sie ist nicht das Ziel, kein Selbstzweck, sondern Bestandteil Ihrer Rolle. Nehmen Sie die Herausforderung an:

- Was bedeutet dieses Thema für Sie?
- Wie können Sie sich die Ausübung vorstellen?
- Welche Haltung wollen Sie dazu entwickeln?
- An welcher Stelle ist Macht in welcher Form für die Beziehungsarbeit wichtig, egal, ob es sich um Steuerung oder Beratung oder Bewertung handelt?
- Was ist Ihr persönlicher Entwurf?

Die Verwandtschaft von Macht und Autorität ist ein viel diskutiertes Thema. Erich Fromms Betrachtung zu »Autorität«, verbunden mit »Macht«, lässt sich auf Schule beziehen, auch wenn es hier nicht um die institutionalisierte Macht geht. Ihm zufolge gibt es eine »rationale Autorität« und eine »irrationale Autorität«. Erstere wird bestimmt durch Kompetenz, Letztere durch Macht über andere im Sinne eines Machtmissbrauchs, hier wird Unterwerfung verlangt und Kritik ausgeschlossen. Erstere basiert auf dem Grundsatz der Gleichheit (oder in der Sprache der Kommunikation der symmetrischen Rollenverteilung), Letztere auf dem der Ungleichheit (oder der komplementären Rollenverteilung). Wer eine Autorität ist, ist für Machtmissbrauch nicht anfällig, wer Autorität lediglich hat, dagegen schon.

In der Schule gehört Macht zur Rolle, zum Amt, zur Institution. Sie scheint so selbstverständlich zu sein, dass die Verpackung gar nicht erst geöffnet wird: Man weiß ja, was drin ist. Irrtum! Öffnen Sie das Paket und schauen Sie sich den Inhalt genau an. Statt sich zu fühlen, als hätte man Ihnen eine Bombe in die Hand gedrückt, können Sie sich freuen: Macht ist auch ein Gestaltungsmittel, und Sie können etwas davon abgeben.

Wenn Sie sich kompetent fühlen, Ihrer Sach- und Fachkenntnis sicher, als Persönlichkeit gefestigt, werden Sie offen sein für andere und einen Diskurs, Kritik oder Fragen zulassen und sich damit auseinandersetzen. Sie werden dann auch gestalten und delegieren können, Schülerinnen und Schüler da, wo es möglich ist, auf Augenhöhe einladen: Sie sind ihnen voraus, was Wissen und Erfahrung anbelangt (meistens jedenfalls); Sie haben das Recht und die Pflicht, sie zu begleiten, zu leiten, von Irrwegen zurückzuführen und sie zu beurteilen. Nicht weniger, aber auch nicht mehr.

Haben Sie hingegen Macht über andere, fühlen sich aber auf fachlicher Ebene und insbesondere auf Ihre Rolle bezogen unsicher, sind Sie eher gefährdet, abzublocken und nach Mechanismen zu greifen, die Ihnen eine Vormachtstellung sichern sollen, um Sie unangreifbar zu machen. Schließen Sie das Visier nicht!

Sie sehen, dass es auch hier für Sie von besonderer Bedeutung ist, sich Ihrer Rolle bewusst zu sein, zu reflektieren, Haltungen zu entwickeln und Entscheidungen abzuwägen.

Die Auswirkungen einer sinnvoll ausgeübten Macht sind für alle klar erkennbar und gelten für alle Ebenen:

- Die Regeln sind transparent, gelten für alle und werden überprüft. Kritik wird als notwendiger Bestandteil von Entwicklung begriffen. Meinungsfreiheit und offener Austausch sind selbstverständlich.
- Bei anstehenden Veränderungen wird differenziert zwischen dem, was unumgänglich ist (wobei über das Wie möglicherweise diskutiert werden kann), und dem, was zwar gewünscht wird, aber von einer deutlichen Mehrheit mitgetragen werden soll und demzufolge entsprechender Verfahren bedarf.
- Die Fürsorgepflicht wird ernst genommen.
- Die Verschwiegenheitspflicht wird ernst genommen.
- Es werden Beratungsgespräche geführt, die sowohl dem Zuwachs an Kompetenz als auch der Persönlichkeitsentwicklung dienen.
- Fehlverhalten wird in konstruktiver Weise im Einzelgespräch (gegebenenfalls mit Unterstützung der Interessenvertreter) lösungsorientiert besprochen, und auch Hilfen werden angeboten.

Machtmissbrauch und Machtvakuum

Die Auswirkungen von Machtmissbrauch sind leider nicht immer so klar erkennbar wie in den folgenden Beispielen:

- Die Schülerin, die als anstrengend empfunden wird, wird im Unterricht ignoriert.
- Im Unterricht wird ein Schüler vor allen anderen abgekanzelt.
- Zu erledigende Arbeiten werden von der Kollegin mit Verweis auf ihr (Dienst-)Alter einer jüngeren aufgebürdet.
- Der Kollege kritisiert gegenüber seinen Schülerinnen und Schülern den Unterricht der Kollegin und zieht ihre Kompetenz in Zweifel.
- Mitglieder der Schulleitung äußern sich im Sekretariat oder im Lehrerzimmer abfällig über Kolleginnen oder Kollegen und geben Interna weiter.

- Die Schulleitung bevorzugt bestimmte Kolleginnen und Kollegen, ohne dass dies durch deren besonderes Engagement oder durch die Wahrnehmung besonderer Aufgaben gerechtfertigt wäre.
- Die Schulaufsicht möchte die Schulleitung zu einem bestimmten Vorgehen veranlassen, obwohl sich die Gremien der Schule dagegen entschieden haben und das Ministerium die entsprechende Entscheidung freigestellt hatte.

Eine nicht nur an Schulen häufige Form des Machtmissbrauchs ist der Umgang mit Informationen. »Wissen ist Macht« hat nach wie vor Gültigkeit, und so kommt es vor, dass Informationen entweder gar nicht oder nur an ausgewählte Kolleginnen und Kollegen weitergegeben werden. Dadurch entsteht ein Mangel an Transparenz und damit ein nicht definierter Raum, der Unsicherheiten fördert und die Wahrnehmung von (Eigen-)Verantwortung erschwert:

An einem großen Gymnasium stehen zum Halbjahr Veränderungen in der Unterrichtsverteilung an. Als Frau Wiese ihren neuen Stundenplan überprüft, stellt sie fest, dass man sie aus zwei Klassen herausgenommen hat, die sie zu Schuljahresbeginn erst übernommen hatte. Auf Nachfrage erfährt sie nur: »Das ging nicht anders.« Als sie sich aufgebracht mit dem Kollegen Richter darüber unterhält, erfährt sie von ihm, dass die Schulleitung einen Lehrerwechsel wünschte und dass er selbst diese Klassen übernehmen würde.

Wie wird sich dies auf die Arbeitszufriedenheit von Frau Wiese, auf ihr Selbstwertgefühl und auf ihr Verhältnis zum Kollegen Richter auswirken? Wenn es sinnvoll ist, kann Frau Wiese das Gespräch mit der Schulleitung suchen oder das Vorgehen im Jahresgespräch ansprechen. Sie kann sich aber auch mit der Forderung nach mehr Transparenz an den Personalrat/Lehrerrat wenden.

Eine andere Gefahr droht durch das Machtvakuum, das auch eine besondere Variante des Machtmissbrauchs sein kann. Hierbei kann es sich um den Schulleiter handeln, der verbal bestimmte Dinge fordert, sich aber nicht um die Umsetzung kümmert. Dass dann gar nichts passiert und eine Haltung des »Abnickens« gefördert wird, können Sie sich vorstellen. Aber auch Sie selbst können in eine ähnliche Lage geraten. Stellen Sie sich z. B. die folgende Unterrichtssituation vor:

Frau Groß sammelt im Plenum Äußerungen zu einem bestimmten Thema und kommentiert sie auch bewertend. Marios Beitrag geht wie so oft völlig am Thema vorbei, Frau Groß hat aber nicht das Herz, dies deutlich zu machen, sondern meint nur: »Hm ... ja ...« Diese eine Stunde ist kein Einzelfall, und bei der Notenbesprechung teilt sie Mario mit, dass er bestenfalls eine Vier zu erwarten habe. Mario fällt aus allen Wolken und ist empört.

Frau Groß hätte hier deutlich Stellung beziehen müssen, und es wäre vor allem ihre Pflicht gewesen, den Schüler dabei zu unterstützen und zu begleiten, sein Verständnis zu verbessern. Indem sie es vermeidet, ihre Macht auszuüben, entsteht ein Vakuum, das gleichzeitig beinhaltet, dass sie ihrer Verantwortung nicht nachkommt.

Was Frau Groß möglicherweise nicht weiß, ist, dass Schülerinnen und Schüler unbestimmte Äußerungen keineswegs besonders schätzen und dass sie mit Kritik, wenn sie als Hilfe verstanden werden kann, durchaus umgehen können.

Macht auszuüben ist eine Gratwanderung, und ob der Absturz in den Machtmissbrauch oder in das Machtvakuum erfolgt, ist vom Ergebnis her betrachtet eigentlich gleichgültig. Macht bringt notwendigerweise Verantwortung mit sich. Fällt es Ihnen leicht oder schwer, Verantwortung abzugeben? Finden Sie heraus, warum das so ist!

Sowohl im Kollegium als auch im Unterricht müssen Sie Verantwortung abgeben. Wenn Sie Ihren Lerngruppen keine Verantwortung übertragen, werden die nicht lernen, sich selbst für ihren Lernprozess (mit)verantwortlich zu fühlen.

Jörg, Schüler der Jahrgangsstufe R10, ist häufig unkonzentriert, er wandert gerne im Klassenraum herum und ist nicht immer leicht zu motivieren. Als Frau Beyer in einem Gespräch über den Unterricht den Lernzuwachs der Lerngruppe problematisiert und geschlossene Unterrichtsformen stärker in den Vordergrund rücken möchte, ist die Lerngruppe vehement dagegen. Jörg, der die Klasse wiederholt, sagt dazu: »Früher, bei Herrn Bauer, da haben wir immer unter Druck gelernt und es war mucksmäuschenstill in der Klasse. Man hat aber nicht mehr gelernt als bei Ihnen, eher weniger, und das Lernen hat total keinen Spaß gemacht. In Ihrem Unterricht bin ich gerne, und da merk' ich mir die Sachen auch besser.«

Verantwortung bedeutet umgekehrt auch, Macht an die Schülerinnen und Schüler abzugeben. Das ist nicht immer einfach, weil Sie einen langen Atem benötigen. Rückschläge sind auszuhalten, und der Weg und die Mittel müssen immer wieder überprüft werden. Sie befinden sich in einem dauernden Prozess und müssen immer abwägen. Entspricht dieses Vorgehen Ihren Überzeugungen, werden Sie es als weniger anstrengend empfinden, als immer das Heft in der Hand behalten zu wollen.

Lassen Sie das Ziel nicht aus den Augen und freuen Sie sich auf eine Reise, die so einige Überraschungen zu bieten hat!

Auch wenn Frau Beyer nicht völlig entlastet sein mag, Jörg hat einen sehr wichtigen Aspekt erkannt und benannt: Er kann sich die Dinge besser merken. Dies ist *eine* Erkenntnis der Lernforschung und ein wichtiger Ausgangspunkt bei der Entwicklung neuer Unterrichtsformen. Mit der Ausübung von Macht im herkömmlichen Sinne erreichen Sie dies selten. Delegieren Sie also! Das ist natürlich nicht immer und überall möglich – deshalb ist es an Ihnen zu entscheiden, an welcher Stelle und in welchem Ausmaß Sie dies tun.

Keine Macht abgeben will hingegen der Kollege, der sagt: »Hier bestimme ich, wo es langgeht!«, oder die Kollegin, die fordert: »Hier wird getan, was ich sage!«

Sie haben es scheinbar bequemer als Frau Beyer, setzen aber sich selbst und andere unter Druck: Wenn die Bedingung ist, dass eine(r) alles in der Hand hat, dann wird er oder sie dies durchhalten und umsetzen müssen und auch daran gemessen werden. Da das kaum machbar ist und ständige Kontrolle erfordert, bleibt kein Raum, um loszulassen. Die scheinbare Bequemlichkeit wird mit dauernder Anspannung teuer erkauft – zum eigenen Nachteil und dem der Schülerinnen und Schüler.

Dass Macht häufig als etwas begriffen wird, das zum Beherrschen anderer genutzt wird, hat seine Ursache unter anderem in einem Mangel an Souveränität oder »rationaler Autorität«, und auch die eigenen Erfahrungen im Umgang mit Macht sind hier nicht unwesentlich. Wer sie als destruktiv erlebt hat, dem sind konstruktive Aspekte zunächst fremd. Macht ist aber als Instrument von Führung und Leitung im Sinne von Verantwortung notwendig.

Wenn Macht an Sie delegiert wird, übernehmen Sie in dem Moment die Verantwortung für die betreffende Angelegenheit, unabhängig davon, wie dann mit dem Ergebnis umgegangen wird.

Wird die Macht aber nur scheinbar an Sie delegiert (darüber, wie in dieser Angelegenheit verfahren werden soll, welche Schritte unternommen werden sollen, entscheidet die Schulleitung; die Beschlusslage ist uneindeutig und der Auftrag der Schulleitung ist es auch), werden Sie nichts erreichen können. Das hat mit konstruktiver Macht nichts zu tun.

Ein gebrochenes Verhältnis zu Macht äußert sich z. B. in einer besonderen Autoritätsgläubigkeit. »Hierarchiegefangen« zu sein ist das Bild, das die Abhängigkeit ins Zentrum rückt. Solche Kolleginnen und Kollegen sind häufig anfällig für Machtspiele – lassen Sie bloß die Finger davon, Sie können nur verlieren! Eine eher harmlose Variante davon ist diese:

Herr Bauer betritt den Klassenraum, in dem überall Papier herumliegt, und sagt in scharfem Ton: »Wie sieht es denn hier aus?? Los, du, komm her und heb' das auf!« Der solchermaßen angesprochene Schüler bleibt unbeeindruckt sitzen und murmelt: »Das war ich nicht.« Herrn Bauers Stimme wird um eine Nuance lauter: »Das spielt keine Rolle. Fang an, sonst kannst du heute länger bleiben!« Der Schüler erhebt sich murrend und räumt auf, während Herr Bauer wartend danebensteht.

Hat Herr Bauer wirklich gewonnen? Würde Ihnen das reichen? Selbst wenn Herr Bauer nicht die Stimme erhoben hätte, so wäre doch einiges an Porzellan zerschlagen worden. Herr Bauer selbst würde diese Situation vermutlich nicht mit einem Problem im Umgang mit Macht in Verbindung bringen. Dass sein Verhalten eher an eine Kaserne erinnert als an einen Klassenraum, in dem man sich gegenseitig mit Achtung begegnen sollte, wäre für ihn kein Widerspruch. Was halten Sie von der folgenden Situation?

Herr Zug betritt den Klassenraum, in dem überall Papier herumliegt und fängt an, es aufzuheben, wobei er sich an die Schülerinnen und Schüler wendet: »Helft mir bitte, ich möchte in einem solchen Raum nicht unterrichten.« Zögernd erhebt sich ein Schüler, nach einer kurzen Pause folgen andere.

An dieser Stelle könnte Herr Zug sich unbesorgt zurückziehen. Würden Sie mit anfassen? Diese Haltung ist der sicherste Weg, das Problem aus der Welt zu schaffen: Setzen Sie auf Gemeinsamkeiten, anstatt die Unterschiede und das Machtgefälle zu betonen!

Häufiges Phänomen ist auch eine entschiedene Ablehnung von Basecaps: »Käppis dulde ich in meinem Unterricht nicht!« Solange Sie die Augen des Schülers sehen können: Warum nicht? Muss der Schüler so aussehen, wie der Lehrer es sich wünscht? Caps sind wichtig für diejenigen, die sie tragen: sei es, weil sie in der unsicheren Zeit der Identitätsfindung einen Halt bieten, oder sei es, weil die Haare nicht gewaschen sind. (Und was ist mit den Mädchen, die mit diesen winzigen Kopftüchern, die in Mode waren, alle aussahen wie Rotkäppchen?) Sollte Ihre Schulordnung allerdings beinhalten, dass alle Kopfbedeckungen, ausgenommen religiös motivierte, nicht erlaubt sind, ist das eine ganz andere Situation und für die Betroffenen leichter zu akzeptieren.

Eine besondere Form des Machtmissbrauchs ist die unerwünschte Einmischung. Das gilt im Kollegium genauso wie gegenüber Schülerinnen und Schülern: Treten Sie Ihren Mitmenschen nicht zu nahe – lassen Sie sich dazu einladen. Gemeint sind nicht zu erörternde Sach- oder Fachfragen und der angemessene Umgang damit, gemeint ist die bewusste Unterschreitung der persönlichen Distanz. In Kollegien findet der Machtmissbrauch häufig unter Bezugnahme auf eine scheinbare Kollegialität statt:

In der ersten großen Pause wird Frau Weiß von Frau Leine angesprochen: »Ich brauche von dem Schüler Jan Benrath unbedingt die Telefonnummer. Du hast sie doch – kannst du mir die bitte geben?« Frau Weiß ist furchtbar in Eile, weil sie in dieser Pause noch einen wichtigen Termin hat, und sagt: »Ich lege sie dir in der nächsten Pause ins Fach, in Ordnung?« Frau Leine ist empört und macht dies auch deutlich: »Du wirst doch wohl in der Lage sein, mir eben die Telefonnummer rauszusuchen!«

Hier wird erkennbar, wie Frau Leine sich selbst sieht, wie sie die Kollegin betrachtet und wie sie deren Fähigkeiten einordnet. Gleichzeitig wird aber auch deutlich, dass Frau Leine mit ihrem Ansinnen, aber auch mit der Formulierung, Grenzen überschreitet: Frau Weiß wird schließlich selbst wissen, was sie wann erledigen kann; es ist überhaupt nicht nötig, dass andere das für sie tun. (Zudem stellt sich später heraus, dass Frau Leines Anliegen gar keine Eile hatte – was die Grenzüberschreitung verschärft.) Bezogen auf Schülerinnen und Schüler ist diese Situation nicht selten:

A
Während einer Klausur hat Frau Buck das sichere Gefühl, dass Jessica einen Spicker im Federmäppchen hat. Sie geht hin und öffnet das Federmäppchen.

Was halten Sie davon? Wenn Sie mit der Gesetzesvorlage zu Online-Durchsuchungen einverstanden sind, werden Sie am Verhalten von Frau Buck nichts auszusetzen haben. Dennoch wird hier die Grenze des Respekts deutlich überschritten. Mit einer kleinen, aber entscheidenden Änderung ihrer Haltung und damit ihres Verhaltens könnte die gleiche Situation so aussehen:

B
Während einer Klausur hat Frau Buck das sichere Gefühl, dass Jessica einen Spicker im Federmäppchen hat. Sie geht hin, spricht Jessica an, teilt ihr die Befürchtung mit und bittet sie, das Federmäppchen zu öffnen.

Jessica könnte sich weigern, meinen Sie? Ich habe das nur einmal in der Form erlebt, dass ein ertappter Schüler verlegen grinsend und ohne das Federmäppchen zu öffnen einräumte, abgeschrieben zu haben. Häufig wird das eher sportlich betrachtet: Es war einen Versuch wert, hat nicht geklappt, auch gut. (Unausgesprochen klingt natürlich mit: »Neue Chance, neues Glück« – nehmen Sie's nicht persönlich!)

Das Handwerk

Was bedeutet Professionalität?

Die Professionalisierungsdebatte der letzten Dekade reicht von Kriterienorientierung über Aufgabenorientierung bis zu der Forderung nach einer Kernaufgabe, um eine Entprofessionalisierung zu vermeiden, und sie macht deutlich, wie außerordentlich schwierig eine Definition des Begriffs »Professionalität« ist, der zudem von den jeweiligen Einstellungen und Haltungen geprägt ist.

Unstrittig sind natürlich Aspekte wie pädagogische Basiskompetenzen, Inhalts- und Zielstrukturierung, die Fähigkeit zur Interaktion, Schaffen von Lernumgebungen. Nicht ganz so unstrittig ist, was jeweils darunter zu verstehen ist.

Was Ihre eigene Professionalität anbelangt, täten Sie für sich selbst gut daran, ein Berufsethos zu entwickeln, das Ihnen entspricht und das die Balance zwischen dem Wünschenswerten und dem Machbaren hält. Offenheit und Veränderungsbereitschaft sollten in jedem Fall dazugehören. Überlegen Sie auch, was Sie aus dem Referendariat mitgenommen haben: Was wollen Sie beibehalten, was vertiefen?

Auf dem Hochseil

Doch kehren wir zu Ihnen und Ihrem Alltag, Ihrer Rolle zurück. Professionalität beinhaltet in verschiedener Hinsicht, die Balance zu halten. Darunter fallen auch scheinbare Selbstverständlichkeiten wie die folgenden:

- Sie müssen immer wieder neu entscheiden, wo in der jeweiligen Situation der Schwerpunkt Ihrer Rolle liegt; Sie sind kein Elternteil, Sie sind keine Freundin, kein Freund, und Sie sind auch kein Ratgeber.
- Handhaben Sie die Grenze zwischen Ihrer Person und Ihrer Rolle flexibel: Die Anteile sind nicht statisch, und es gibt sowohl Situ-

ationen, in denen Ihre Person hinter der Rolle zurücktreten sollte, wie auch umgekehrt.

- Sie schließen die Lücke zwischen Verordnung und gelebter Schulwirklichkeit. Wenn jemand z. B. über einen längeren Zeitraum aus Gründen, die sie oder er nicht zu vertreten hat, fehlt, soll sich dies nicht in der betreffenden Note niederschlagen – wie verfahren Sie hier?
- Sie benötigen Routine, damit Arbeitsabläufe sich einspielen und Sie sich entlasten; Routine darf aber nicht zum Dogma werden und den Blick für das Spezifische, das Neue einer Situation verstellen. Das kann durchaus bedeuten, alte Routinen zu verwerfen und neue zu entwickeln.
- Sie sollen und wollen ganz zur Verfügung stehen, haben aber keine Zeit. Sagen Sie nicht mit einem Blick zur Uhr: »Lassen Sie sich Zeit!« Wo es möglich ist, können Sie in Ihrem Kalender Zeitfenster anlegen, die Sie entsprechend nutzen. Strukturieren Sie ihre (zeitlichen) Möglichkeiten.
- Eine professionelle Haltung steht, von Extremsituationen abgesehen, im Widerspruch zu Kategorien wie »Schuld«. Versuchen Sie unbedingt, eine kontext- und sachbezogene Haltung zu entwickeln.
- Verwechseln Sie Gelassenheit nicht mit Gleichgültigkeit.
- Versuchen Sie möglichst, Unvermeidbares anzunehmen, anstatt es hinzunehmen: Ersteres erfordert Ihre Aktivität, indem Sie sich damit auseinandersetzen und es akzeptieren, Letzteres müssen Sie erdulden.
- Machen Sie für sich einen deutlichen Unterschied zwischen »rechtfertigen« und »erklären«: Wenn Sie sich rechtfertigen, reagieren Sie auf einen personenbezogenen Angriff auf der gleichen Ebene; wenn Sie etwas erklären, reagieren Sie auf einen personenbezogenen Angriff sachbezogen – Sie erzeugen den Unterschied durch Ihre (Gesprächs-)Haltung.
- Üben Sie sich in Achtsamkeit, im Innehalten, ohne zu verurteilen.

Balanceakt: Nähe und Distanz

Können Sie sich vorstellen, dass in anderen Berufen so viel gejammert wird? Wir tauschen uns doch nur aus, denken Sie vielleicht. Die Frage ist nur: Suchen Sie dabei eine Bestätigung oder eine Antwort?

Frau Wiegand und Frau Schröder sind gerade aus dem Unterricht gekommen. Frau Nemeth kommt dazu und sagt: »Ich komme gerade aus der 7a, sind die nicht schrecklich?« »Ja, das ist eine ganz furchtbare Klasse!«, antworten die Kolleginnen, und gemeinsam setzen sie ihr Klagen fort.

Empfinden Sie dies als nützlich? Hilft Ihnen das weiter? Solche Unterhaltungen entlasten im Moment, weil Sie in Ihrer Wahrnehmung bestätigt werden, aber welchen Wert haben sie? Diese Gespräche finden überall statt und sind überaus typisch für Lehrerzimmer.

Wenn jemand von außen einen Blick beispielsweise auf Frau Nemeth werfen würde, die in der Sekundarstufe I 27 Wochenstunden Mathematik und Biologie unterrichtet, die dafür ein Lehrbuch verwendet, die keiner Arbeitsgemeinschaft oder Ähnlichem angehört und die kein Amt bekleidet: Würde sich für denjenigen erschließen, was sie so erschöpft sein lässt? Eher nicht. (Wobei allerdings zu bedenken ist, dass es für Menschen, die diesen Beruf nicht ausüben, ohnehin schwer vorstellbar ist, dass 27 Stunden Unterricht tatsächlich anstrengend sind.) Wenn man Frau Nemeth fragen würde, was denn das Problem sei, würde man vermutlich keine konkrete Antwort bekommen können; sie weiß es nicht, sie weiß nur, dass sie ausgelaugt ist, und mit großer Wahrscheinlichkeit empfindet sie »die Schüler« als anstrengend. Betrachten Sie es als absolut notwendig, Zusammenhänge zu erkennen, sie zu analysieren und entsprechend zu handeln! In diesem Beruf ist immer noch die anachronistische Vorstellung verbreitet, dass es »unprofessionell« sei, sich um Hilfe zu bemühen – tatsächlich ist das Gegenteil der Fall. Frau Nemeth wäre möglicherweise mit einer (Gruppen)supervision oder einer kollegialen Beratung gedient; mit diesen oder anderen Mitteln könnte sie das Problem und entsprechende Handlungsmöglichkeiten erkennen. Voraussetzung ist allerdings in jedem Fall, dass Frau Nemeth das Problem als eines begreift, das sie aktiv angehen kann und für dessen Lösung auch sie selbst zuständig ist.

Die Gratwanderung zwischen Nähe und Distanz findet auf verschiedenen Ebenen statt; Beispiele für die Mikrostruktur sind Ihnen hier schon begegnet. Mindestens genauso wichtig für Ihr persönliches Wohlergehen ist aber die gerade schon angedeutete Makrostruktur. Das heißt, dass Sie sich frühzeitig mit den Anforderungen an Ihre Rolle auseinandersetzen und ein klares Selbstbild entwickeln. Diese Anforderungen, Sie erinnern sich noch, können von außen kommen, sie können aber auch von Ihnen selbst gesetzt werden und unter Umständen zu Intra-Rollen-Konflikten führen, wie am Beispiel C deutlich wird. Lassen Sie uns also einen Blick auf unterschiedliche Umgangsweisen werfen:

Beispiel A
Herr A ist ein überaus freundlicher Kollege; er wirkt ausgesprochen zugewandt und hilfsbereit. Allerdings können die Kolleginnen und Kollegen feststellen, dass er letztendlich selten bereit ist, Arbeitsaufträge zu übernehmen. Herr A verweist darauf, dass er furchtbar viel zu tun habe und sich leider nicht noch mehr aufbürden könne. Tatsächlich hat Herr A relativ wenig zu tun (weil er sich »Mehrarbeit« vom Hals hält), was aber nichts daran ändert, dass er für freundlich und hilfsbereit gehalten wird, und auch bei seinen Lerngruppen ist er außerordentlich beliebt.

Herr A hat theoretisch gute Aussichten, die Pensionierungsgrenze im aktiven Dienst zu erleben – nicht, weil er professionell mit sich und anderen umgeht, sondern weil er sich erfolgreich entzieht. Sein Selbstbild, nämlich engagiert zu sein, vermittelt er auch nach außen, und es entspricht dem, was auch andere von ihm denken, sodass sich für ihn kein Widerspruch dazu ergibt, die Arbeitsbelastung so gering wie möglich zu halten. Ganz anders ergeht es der Kollegin B, die das gleiche Ziel hat:

Beispiel B
Frau B findet sich in den Klassenräumen immer wieder einer fremden Welt gegenüber, die sich ihr nicht erschließt. Ihr täglicher Unterricht ist für sie ein Kampf, aus dem sie als Unterlegene hervorgeht. Sie möchte gerne den notwendigen Stoff vermitteln, stellt aber fest, dass sie kaum weiterkommt und nur wenig im Gedächtnis ihrer Lerngruppen haften bleibt. Sie wird immer häufiger krank, und weil sie nach einer krankheitsbedingten Abwesenheit die Situation als noch schwieriger empfindet, werden die Zeiträume ihrer Abwesenheit immer länger, was für sie zur Folge hat, dass ihr Arbeitsplatz ihr

insgesamt zunehmend fremd erscheint und die Probleme schließlich unüberwindbar werden.

Frau B wird mit großer Wahrscheinlichkeit frühpensioniert werden. Sie hält an ihrem einmal erworbenen Wissen fest; ihre Veränderungsbereitschaft ist gering, sie sucht nicht frühzeitig nach konstruktivem Austausch, und der Rückzug in die Resignation ist dadurch vorgezeichnet. Erschwerend kommt hinzu, dass das Kollegium sie als jemanden wahrnimmt, der dauernd krank ist, was unabhängig von den jeweiligen persönlichen Empfindungen auch dazu führt, dass sie in ihrer Professionalität weniger ernst genommen wird.

Beispiel C
Frau C ist jung und noch neu im Schuldienst, und d. h. »unverbraucht«. Die Schulleitung hält sie deshalb für besonders belastbar. Hinzu kommt, dass Frau C ihr Examen mit Auszeichnung bestanden hat und deshalb als besonders kompetent gilt. Frau C ist engagiert und vielfältig interessiert; so sucht sie nach zusätzlichen Aufgaben und bekommt sie auch. Es dauert nicht lange, bis ihr die Aufgaben, deren Implikationen sie im Vorfeld zum Teil nicht überblicken konnte, zu viel werden. Sie kann schlecht »Nein« sagen, verlagert einen Teil der Arbeit auf die Ferien und hat kaum noch Erholungszeiten. Sie bleibt aber weiterhin interessiert an der Übertragung neuer Aufgaben, betrachtet sie diese doch auch als Zeichen der Wertschätzung. Ihre Überlastung macht sie mit sich selbst ab; sie sucht weder Hilfe noch einen konstruktiven Austausch. Nach drei Jahren im Schuldienst stellt sich das erste Alarmzeichen ein: Tinnitus.

Frau C fällt in die Kategorie »überengagiert« und ist ebenfalls gefährdet. Wenn sie dazu noch ihre Aufgaben nicht mehr alle gleichermaßen gut wahrnehmen kann, entfällt auch der für sie wichtige Aspekt »Anerkennung«, und es bleibt ihr als zentrale Wahrnehmung, dass sie mit ihrer Arbeit nicht fertig wird.

Beispiel D
Frau D hat sich einige wenige Arbeitsgebiete ausgesucht, die sie für wichtig hält und die ihren Neigungen und ihrer Persönlichkeitsstruktur entsprechen. Im Laufe der Zeit wird sie darin zur Expertin und befasst sich dann auch mit verwandten Gebieten, in denen sie ihr bereits vorhandenes Wissen nutzen kann, während sie gleichzeitig neues erwirbt und umsetzt.

Wie schon erwähnt – niemand kann alles gleichermaßen überzeugend leisten, deshalb kehre ich an dieser Stelle zum Anfang zurück: Entscheiden Sie sich, suchen Sie sich Betätigungsfelder, die Sie interessieren und die Ihnen gemäß sind, und wählen Sie daraus eine handhabbare Menge aus. Auch hier gehört zum »gefühlten« Erfolg, dass Sie eine Arbeit überschauen und sie auch abschließen können (was nicht bedeutet, die weitere Entwicklung dieses Aspekts aus dem Auge zu verlieren).

Eine Distanz zu schaffen, die entweder beinhaltet, dass Sie das Problem umgehen (wie im Beispiel A) oder dass Sie sich bewusst und überlegt Arbeitsfelder auswählen (wie im Beispiel D) sorgt für Ihr Überleben, für ein professionelles Überleben allerdings nur Letzteres. Von der Nähe erdrückt zu werden, weil Sie das Problem überrollt (wie in den Beispielen B und C), wird dafür sorgen, dass Sie sich permanent überfordert fühlen, unabhängig davon, ob Ihr Engagement stark oder gering ist. Achten Sie darauf, dass Sie genügend Erholungszeiten haben, denken Sie daran, die Tür zu schließen.

In diesem Zusammenhang ist auch das Thema »Krankheit« bedeutsam: Viele Kolleginnen und Kollegen halten auch dann ihren Unterricht, wenn sie eigentlich ins Bett gehören – und brauchen dann sehr lange, bis sie vollkommen wiederhergestellt sind. In diesem Beruf quasi auf Sparflamme zu arbeiten ist kaum möglich, denn Ihre Präsenz ist immer gefordert. Überlegen Sie sich deshalb gut, ob tatsächlich ohne Sie alles zusammenbricht! Sollten Sie den grippalen Infekt kommen sehen, können Sie Ihre Lerngruppen schon im Vorfeld darauf vorbereiten, ohne Sie weiterzuarbeiten.

Schulen Sie auch Ihre Wahrnehmung: Ihnen begegnen täglich kleine Zeichen der Wertschätzung, richten Sie ihre Aufmerksamkeit auch auf die positiven Augenblicke.

Balanceakt: Inhalt und Beziehung

Eine der Grundvoraussetzungen für gelungenen Unterricht, ein kollegiales Kollegium, eine vertrauensvolle Zusammenarbeit mit der Schulleitung ist eine professionelle Trennung der Sache von der Person – Sie sind hier schon einigen Beispielen begegnet, die dies thematisieren. Ohne eine solche Trennung ist kein ernsthaftes Feedback möglich, keine Zusammenarbeit mit den Eltern, und wo immer Konflikte lauern, werden sie nicht lösbar sein, wenn Sie sich hier nicht üben. Wer sich als Person angegriffen fühlt, wenn eine Sachfrage zu klären ist, sorgt für eine Abwärtsspirale.

Auch sich selbst sollten Sie hier kritisch im Blick haben: Gelingt es Ihnen, Ihr augenblickliches Interesse oder Ihre augenblickliche Befindlichkeit den Gegebenheiten unterzuordnen oder mit ihnen in Einklang zu bringen? Kommunikation wird zudem noch durch die jeweils eigene Konstruktion von Wirklichkeit beeinflusst. Die Unterschiedlichkeit von Wirklichkeitskonstruktionen macht auch vor scheinbar eindeutigen Fragen nicht Halt:

Frau Lauterbach hat ihren ersten Elternabend. Sie fragt die Schulleiterin nach dem Schulschlüssel und erhält ihn mit den Worten: »Dieser Schlüssel ist für die Tür mit dem grünen Griff, die anderen lassen sich damit nicht öffnen, und die Gartentür kannst du mit deinem eigenen Schlüssel aufschließen.« Auf Frau Lauterbachs Verwirrung hin wiederholt sie ihre Erklärung, jetzt schon erkennbar ungeduldig. Schließlich kann sich Frau Lauterbach die Aussage übersetzen: Die Tür mit dem grünen Griff ist die, die von der Pausenhalle zum Schulhof führt, und die Gartentür ist das Törchen im Zaun, das den Schulhof vom Parkplatz trennt. Dass eine der zahlreichen Türen einen grünen Griff hat, war ihr entgangen, und mit »Gartentür« assoziiert sie einen Garten, der dort aber nicht zu finden ist.

An diesem Beispiel wird auch deutlich, dass Kommunikation nicht linear, sondern zirkulär verläuft, nämlich in Wechselwirkung: Die Schulleiterin hält Frau Lauterbach für begriffsstutzig (weshalb sie die Sache erneut erklärt) und diese wiederum ihre Vorgesetzte für ungenau (weshalb sie nicht noch einmal nachfragt).

Ihr eigenes Gesprächsverhalten wird durch die Wahrnehmung Ihrer Selbst, der Situation und des Anderen beeinflusst, was dann wiederum in der Haltung Ihres Gegenübers vor dessen Hintergrund seinen Ausdruck findet.

Es bieten sich zahlreiche Anknüpfungspunkte für Missverständnisse, die zunehmen, je geringer die Übereinstimmung ist.
Mit dem Kollegen allerdings, der Ihre Ansicht mit »Das ist ja völliger Unsinn« kommentiert, sollten Sie Ihre Position nicht erörtern: Sein Interesse gilt seiner eigenen Konstruktion, nicht Ihrer.

Dass sich Kommunikation nicht nach Ursache–Wirkung auflösen lässt, wird hier noch einmal deutlich: Bedenken Sie das, ehe Sie sich Ihren Schützlingen zuwenden und Ihnen die Frage »Wer hat angefangen?« herausrutscht – es gibt keinen Anfang, sondern stattdessen Beziehungen und Bedingungen.

Schülerinnen und Schüler bewegen sich in diesen Feldern: Da ist das sehr komplexe Beziehungssystem Klasse, das sich wiederum überschneidet und in Wechselwirkung steht mit den außerschulischen Beziehungssystemen. Für Sie bedeutet das nicht nur, dass Sie Ihren Blick schärfen und Handlungsalternativen entwickeln müssen, es bedeutet auch, dafür zu sorgen, dass Sie ein Lernklima schaffen, in dem man sich offen und vertrauensvoll begegnen kann. Lassen Sie sich und Ihren Schülerinnen und Schülern die Zeit und den Raum, daran zu arbeiten – es geht Ihnen nichts verloren, Sie gewinnen nur hinzu.

Die Person als Ganzes zu betrachten, bedeutet also, dass Sie das Kind in seinen Beziehungsfeldern und deren Auswirkungen sehen und entsprechend handeln können, und Sie selbst als Unterrichtende(r) gehören dazu.

Auch das Lernen selbst ist Beziehungsarbeit: Hier verschmelzen Inhalt und Beziehung, Sache und Person: Um den Inhalt zu erschließen, ihm Bedeutung zu verleihen, sollten Sie sich darum kümmern, dass die Schülerinnen und Schüler immer wieder eine Beziehung herstellen oder vertiefen können: Wo steht er oder sie auf das Thema bezogen, was daran ermöglicht ihm oder ihr, sich als ein Teil davon zu begreifen, wie ist seine oder ihre Perspektive, Haltung und Erfahrung dazu? Was daran lässt sich wie für welche Arbeits- und Erschließungstechniken nutzen, welche Kompetenzen oder Fertigkeiten werden gefördert?

Wenn es Ihnen nicht gelingt, für die Lernenden ihre jeweils eigene, spezifische Beziehung zum Thema erkennbar zu machen, in der sie ihre Position finden und bestimmen können, wird Gelerntes das Kurzzeitgedächtnis möglicherweise nicht überleben, weil nicht an vorhandene Kenntnisse, Erfahrungen und auch Emotionen angeknüpft werden kann: Erst wenn Verbindungen entstehen, wird Gelerntes gesichert.

Balanceakt: Instruktion und Konstruktion

Gelegentlich wird die Befürchtung laut, Frontalunterricht solle künftig in keiner Form mehr stattfinden, und der Unterricht, so glaubt man, werde zur Kuschelecke: Was soll das, Prozessbegleiterin oder -begleiter zu sein, anstatt Stoff zu vermitteln?
Was verhindert werden soll, ist z. B. dies:

Herr Anger schätzt es sehr, wenn er festlegen kann, was im Unterricht wie zu geschehen hat. Er hat zu jeder Einheit zahllose Arbeitsblätter, die unterschiedliche Aspekte abdecken, und er stellt sie der Kollegin in der Parallelklasse bereitwillig zur Verfügung: Schließlich sollen sie ja zusammenarbeiten. Die Schülerinnen und Schüler bearbeiten die Bögen systematisch, und für die Klassenarbeit in dieser G8 sieht er neun Fragen vor, die zum Teil Detailkenntnisse der Lektüre voraussetzen und also ein Blättern im Text erfordern. Als er der Kollegin das Arbeitsblatt vorlegt und die einwendet, dass die Arbeit zu umfangreich sei und außerdem verhindere, dass die Lerngruppen sich differenziert mit Fragestellungen befassen können, sagt er: »Die schreiben ja sowieso immer nur einen Satz, und damit genügend zustande kommt, muss die Aufgabenstellung eben umfangreicher sein.«

Hier wird genau das praktiziert, was so ungemein unergiebig ist: Die Lerngruppen werden mit Fragen nach Einzelinformationen überschüttet, die keinen Kontext erkennen lassen, in dem auch die Schülerinnen und Schüler selbst sich wiederfinden – hier wird mit großer Wahrscheinlichkeit sehr wenig gelernt, auch wenn alle Beteiligten das Gefühl haben, unablässig zu pauken. Eine Konstruktion findet in diesem Unterricht nicht statt.
Ebenso unerwünscht ist diese Situation:

Die Klasse 10 teilt ihrem Biologielehrer ganz nebenbei mit, dass Deutschland von Asylbewerbern geradezu überschwemmt werde. Herr Janke, von der Situation etwas überrascht, wendet ein, dass dies nicht richtig sei; im Sozialkundeunterricht werde sich diese Frage sicher klären lassen, sie sollten doch mit dem Fachkollegen darüber sprechen. Daraufhin wird Herr Janke darüber informiert, dass dieser Kollege ihrer Meinung sei, mehr noch, dass er sie ja darauf hingewiesen habe.
Der Sozialkundelehrer hält häufig Lehrervorträge, ohne dass entsprechende Materialien (hier z. B. das Jahrbuch des Statistischen Bundesamtes) zurate gezogen werden, und er hält mit seiner persönlichen Meinung nicht hinter dem Berg.

Das empfinden Sie sicher auch als unprofessionell. Auch das »Päckchenrechnen« in Mathematik ist problematisch; wenn Sie nicht für sinnvolle Lernsituationen und eine konstruktive Aufgabenstellung sorgen, ist es kontraproduktiv: Durch isoliertes Üben wird kein Verständnis ermöglicht. Natürlich beschreiben diese Beispiele Grenzsituationen, die aber sind zwar in ihrer Ausprägung, nicht aber von ihrem Ansatz her exzeptionell – und hier liegt das Problem. Irgendeine Form des fragend-entwickelnden Unterrichts wird uns wahrscheinlich alle überleben, nicht aber die, dass das Ergebnis dem entspricht, was Sie hatten hören wollen: Diese Form *hat* sich bereits überlebt – ein Unterrichtsgespräch ist kein Lückentext!

Untersuchen Sie für sich das Thema Fragen oder Aufgaben und stellen Sie solche, die die Selbsttätigkeit Ihrer Lerngruppen fordern, fördern Sie das Entdecken und helfen Sie Ihren Schülerinnen und Schülern, ihre Strukturen und Konzepte zu nutzen und neue hinzuzugewinnen oder bestehende zu hinterfragen:

Eine Klassenarbeit in Chemie im Jahrgang 8 enthält auch einen praktischen Aufgabenteil. So sollen die Kinder unter anderem ein Experiment beobachten und beschreiben. Sie stellen fest, dass Flüssigkeit aus dem Reagenzglas spritzt, und einige Schülerinnen und Schüler hören einen Knall, obwohl er sich gar nicht ereignet hat. Frau Gruber markiert dies als falsch.

An dieser Stelle wäre es eminent wichtig, in den Köpfen der Schülerinnen und Schüler die Gleichung »Spritzen = Explosion + Knall« aufzulösen, eine vergleichende Untersuchung zu ermöglichen und neue Konzepte zu entwickeln. Anstatt diese Chance zu nutzen, wendet sich Frau Gruber dem nächsten Thema zu.

Geben Sie an Ihre Lerngruppen ab! Niemand hat etwas davon, wenn die Schülerinnen und Schüler scheinbar begriffen haben, welche Antwort erforderlich ist, wenn sie das Warum nicht für sich selbst ergründet haben:

In einer G5 soll das Thema »Nacherzählung« eingeführt werden, und Frau Hausmann möchte wissen, was ihrer Lerngruppe dazu einfällt. »Man schreibt sie in der Vergangenheit!«, ruft Kevin. »Warum glaubst du, soll man das tun?«, fragt Frau Hausmann zurück. Kevin schweigt verwirrt, und niemand sonst hat eine Idee dazu. Frau Hausmann beauftragt ihre Lerngruppe damit, in jeder Tischgruppe eine kurze Begebenheit zu erzählen, und zwar einmal im Präsens, einmal im Präteritum. Nach einer Viertelstunde stehen an der Tafel wesentliche Merkmale der Nacherzählung, die die Kinder durch das Erzählen, das Zuhören und den Eindruck, den dies bei ihnen hinterließ, gefunden haben. Unklarheiten bestehen nicht; jetzt macht es für sie einen Sinn, dass das Präteritum die angemessene Zeitform ist. Durch die Abgrenzung wird sogar deutlich, welche Wirkung ein »Erzählen« im Präsens hat, nämlich eine zusammenfassende.

Trauen Sie Ihren Schülerinnen und Schülern etwas zu! Wenn Sie deren Aktivität im Zusammenhang mit ihrem Weltwissen, ihren Haltungen und Einstellungen, ihren Erfahrungen motivierend wecken und fördern können, werden Sie entspannten und entspannenden Unterricht erleben. Seien Sie großzügig, wenn Schülerinnen und Schüler einander etwas erklären. Der Satzbau mag schlicht sein, die Information nicht so differenziert, wie Sie es gerne hätten, aber: Sie formulieren so, wie es ihrem Verständnis entspricht, und hier wird letztendlich mehr verstanden, als wenn Sie es Ihren Lerngruppen erklären. Nebenbei können Sie sich auf diese Weise vergewissern, dass keine eklatanten Lücken geblieben sind. Sie haben die Kompetenzen bzw. das mögliche Ergebnis im Hinterkopf und achten darauf, wie und wo Sie Ihre Lerngruppen als Teil des zu Erlernenden im Unterricht verorten. Das soll nicht heißen, dass ein Lehrervortrag nicht mehr stattfindet – das ist eher eine Frage des Augenmaßes und des Zeitpunktes.

Sie können auch Unterrichtsverfahren wählen, die die Verantwortung für die anstehende Klassenarbeit weitestgehend in die Hände der Lerngruppen legen: Sie sorgen für Arbeitsmaterial und erstellen einen »Advanced Organizer«, der Transparenz ermöglicht: Der Verlauf, wo man sich gerade befindet und was erreicht werden soll, ist den Lerngruppen damit im Unterricht immer vor Augen. Auch sorgen Sie zu Beginn oder auf einer Sicherungsebene für einen Informationsinput (z. B. in Form eines fünfminütigen Fachvortrages). Darüber hinaus beraten Sie einzelne Schülerinnen und Schüler, lassen sie ihre persönliche Zielvorstellung formulieren und schließen Verträge. SOL (Selbst organisiertes Lernen) beruft sich auf Erkenntnisse der Neurowissenschaften und ist ein komplexes Unterrichtsverfahren. Es lässt sich aber auch in Form kleinerer Module verwenden, wenn Ihnen gar so viel Eigenständigkeit nicht geheuer ist.

Zum Umgang mit Methoden

Methoden sind, wie das Wort schon sagt, Wege, also Mittel; sie sind Ziel höchstens da, wo Sie Ihren Lerngruppen Methodenkompetenz vermitteln möchten. Dass in der pädagogischen Diskussion insgesamt häufig ein Aspekt im Zentrum des Interesses steht, erschwert gelegentlich die Einordnung in den pädagogischen und fachlichen Gesamtzusammenhang. Methoden sind kein Allheilmittel, sondern können vor allem den unterschiedlichen Strukturen unterschiedlicher Menschen Rechnung tragen, in bestimmten Situationen unterschiedliche Zugänge erschließen oder Hilfen zum Vorgehen sein. Was die Allgegenwart des Begriffs »Methoden« in den Köpfen anrichten kann, zeigt folgendes Beispiel:

Auf einer Klassenfahrt ergeben sich Konflikte: In der G9 von Frau Frei stellen sich einige der Jungen massiv gegen einen Mitschüler, das Ganze artet in Handgreiflichkeiten aus, und auch die Mädchen beziehen Stellung gegen Lukas, der, das wird Frau Frei jetzt erst deutlich, schon seit Längerem von der Klasse gemobbt wird. Sie setzt ein Klassengespräch an und bereitet sich darauf vor. Nicht sie, sondern ihre Lerngruppe muss einen Ausweg finden, so sieht sie ihre Rolle. Sie überlegt, wie sie dieses Gespräch führen möchte, ob und inwieweit sie sich mit den Ursachen oder nur mit den Auswirkungen befassen möchte, wie eine Lösungsorientierung im Gespräch aussehen kann und wie sie ein Problembewusstsein fördern könnte. Der begleitende Kollege sagt nach der »Veranstaltung« zu ihr: »Das war ein ziemlich gutes Gespräch, von der Methode habe ich noch nie gehört. Wie heißt die?«

Hier wird erkennbar, dass die Konzentration auf Methoden der Idee Vorschub leistet, es könne für jeden Fall eine passende Methode geben. Das verhindert an dieser Stelle, dass der Kollege sein Wissen und seine Erfahrung kreativ, empathisch und situationsbezogen anwendet. Auch in diesem Bereich müssen die gewählten Verfahren zu Ihnen passen, und wie Sie einzelne Aspekte nutzen oder modifizieren oder ob Sie eine ganz neue Struktur entwickeln möchten, ist Ihre Angelegenheit. Ein Rezept, das auf spezifische Situationen passt, gibt es im Bereich soziales Lernen, vor allem bei komplexen Problemen, nicht – da müssen Sie selbst ran. Voraussetzung ist aber dennoch, dass Sie ein Repertoire zur Verfügung haben, aus dem Sie auswählen können bzw. das Ihnen als Grundlage dient.

Was die Methodenkompetenz im Unterricht anbelangt, geht es darum, dass Ihre Lerngruppen wählen und entscheiden lernen, welche Methode welche Möglichkeiten bietet (und wo die jeweiligen Grenzen liegen), und zwar sowohl auf die Sache als auch auf die Lernende oder den Lernenden selbst bezogen – nicht jeder empfindet die gleiche Methode als gleichermaßen hilfreich. Wenn Sie dies berücksichtigen, sind Sie automatisch bei kooperativen Lernformen und der Individualisierung von Lernprozessen angelangt – hier haben Methoden ihren eigentlichen Platz. Suchen Sie auch nach solchen, die ihren Schülerinnen und Schülern helfen, ihre kognitiven Strukturen zu entschlüsseln und zu nutzen.

Fachkompetenz

Dass Sie immer wieder selbst (und neu) entscheiden müssen, gilt auch bezogen auf fachliche Inhalte, und auch hier sollte Ihr Repertoire so breit sein, dass Sie angemessen auswählen können:

Herr Kielmann lässt in einer R10 »Frühlings Erwachen« von Frank Wedekind lesen. Im Gespräch mit einem Kollegen wird erkennbar, dass er wenig über die Intention des Autors weiß, keinen Kontext herstellen kann und überhaupt den Autor eigentlich nicht kennt. Als er das Erstaunen des Kollegen bemerkt, sagt er achselzuckend: »Ich muss nicht alles kennen; ich finde großartig, dass ich es überhaupt bis hierher geschafft habe.«

Herr Kielmann hat hier nicht die Wahl – aufgrund seiner eingeschränkten Literaturkenntnis kann er nicht entscheiden, welcher Text den Bedürfnissen und auch den Erfordernissen gerade dieser Lerngruppe am ehesten entspricht und bedenkt nicht, dass er auf diese Weise keine didaktische Reduktion leisten kann. Zudem lässt seine Äußerung befürchten, dass er sich als angekommen betrachtet und für sich selbst keinen weiteren Entwicklungsbedarf sieht.

Fachkompetenz bedeutet also nicht nur, dass Sie eine hinreichende Bandbreite an Wissen zur Verfügung zu haben, sondern auch, dass Sie sich darüber im Klaren sind (oder werden), wie Sie damit umgehen wollen.

Delegieren Sie Ihre Fachkompetenz nicht unreflektiert an die jeweiligen Lehrwerke! Abgesehen davon, dass sie häufig nicht auf dem aktuellen Stand sind, können sie bestimmte Bedingungen gar nicht erfüllen.

- Lehrwerke dienen Ihrer Entlastung.
- Sie dienen der Entlastung der Schülerschaft, auch in finanzieller Hinsicht.
- Sie bieten nach bestimmten Ordnungsprinzipien eine Text- und Materialsammlung mit dazugehörigen Verfahrensvorschlägen.
- Sie orientieren sich an Lehrplänen bzw. Bildungsstandards und Abschlüssen.
- Sie bieten eine Vereinheitlichung des Stoffs und der Anforderungen.

Sie dienen in der Regel nicht dazu, eine Alternative bzw. Binnendifferenzierung anzubieten (leider!), sie können nicht das aktuelle Tagesgeschehen thematisieren, und sie können nicht ernsthaft die Lebenswirklichkeit der Schülerinnen und Schüler einbeziehen – die hat sich schnell überholt, und der Erwachsenenblick von außen ist gelegentlich mehr anmaßend als glaubwürdig:

In einer G8 finden Lernstandserhebungen im Fach Deutsch statt. Eine Aufgabe lautet, eine SMS von »Jugendsprache« in Standardsprache auf eine Postkarte zu übertragen. Während des Bearbeitens stellt sich heraus, dass die Schülerinnen und Schüler nicht wissen, was der in der SMS verwendete Begriff »abgespacet« heißen soll, und sie wenden sich fragend an ihre Lehrerin. Die weiß es auch nicht. Die Schülerinnen und Schüler der Oberstufe jedoch hätten es gewusst.

Nutzen Sie die Lehrwerke, aber vergessen Sie nicht den kritisch-begleitenden Blick bezogen auf Ihre Lerngruppe und deren Bedürfnisse und bezogen auf Ihre Unterrichtsvorhaben oder die angestrebten Ergebnisse – entwickeln Sie selbst Alternativen, wie mit dem Material umzugehen sei!

Bedenken Sie, dass eine Aufgabenstellung im Lehrbuch »Macht ein Rollenspiel zu ...« nicht ausreichend ist (es fehlt die Vorbereitung); dass Texte in naturwissenschaftlichen Lehrwerken in der Regel außerordentlich komprimiert sind (und entsprechender Entschlüsselungstechniken bedürfen); dass Quellentexte im Fach Geschichte nicht dafür sorgen, dass sie lebendig wird.

In den beiden letztgenannten Fächern ist aber eine vergleichende Betrachtung unterschiedlicher Lehrwerke durchaus von Nutzen. Setzen Sie die Grenzen Ihrer Zuständigkeit nicht zu eng: Fühlen Sie sich (zunächst) für alle Fragen zuständig, die sich in Ihrem Unterricht ergeben: Ob es sich um eine Querverbindung zu einem anderen Wissensgebiet, ein Fremdwort oder ein orthografisches Problem handelt, hier *sind* Sie zuständig.

Eine andere G5 beschäftigt sich mit Dehnung. Bei den Doppelvokalen taucht das Wort »Moor« auf. Ein Schüler möchte wissen, wie ein Moor entsteht, was es eigentlich genau ist, und es entspinnt sich eine lebhafte Diskussion, in deren Verlauf Wissen und Erfahrungen miteinander geteilt werden. Danach wenden sich wieder alle dem Sprachphänomen zu.

Halten Sie das für überflüssig? Sind Sie vielleicht der Meinung, hier sei doch der Biologiekollege zuständig? Warum? Ein unbekanntes Wort hat einen Sinn verliehen bekommen, und es wurde ein lebendiger Kontext geschaffen. Wenn es auch an dieser Stelle nicht von großer Bedeutung ist: Wie dieses Wort geschrieben wird, vergisst niemand aus dieser Klasse. Umgekehrt kann auch die Biologielehrerin die Spracharbeit fördern.

Betrachten Sie sich auch als zuständig für die Lesefähigkeit Ihrer Schülerinnen und Schüler – das ist Sache aller betroffenen Fächer: Einen Text im Fach Politik und Wirtschaft zu verstehen ist etwas anderes, als einen in Pädagogik, Biologie oder Chemie zu verstehen. Das ist nicht allein Aufgabe der sprachlichen Fächer! Vergewissern Sie sich, ob Ihre Lerngruppen in Ihrem Fach überhaupt Schlüsselbegriffe identifizieren können (d. h. auch klassifizieren können), bevor Sie sie zum Markieren auffordern, machen Sie sich bewusst, dass das Lesen drei Phasen (vorher, währenddessen, nachher) beinhaltet, die von Ihnen beachtet werden wollen; dass es verschiedene Leseverfahren (kursorisches Lesen, selektives Lesen, genaues Lesen) gibt, mit denen entsprechende Leseaufträge zusammenhängen. Machen Sie sich auch bewusst, dass es zahlreiche Texterschließungsstrategien gibt, die zum Teil von ihrem Anspruch her weit über den von Methoden hinausreichen, tatsächlich eher Unterrichtskonzepte sind. Das bedeutet, dass der Fokussierung von verstehendem Lesen eine dauerhafte Bedeutung zukommt: Sie werden nicht in absehbarer Zeit zur Tagesordnung übergehen können. Verfahren wie Mutmaßungen über den Text anzustellen, Vorhersagen zu wagen sind generell von Nutzen, weil sie die Hypothesenbildung fördern: Hier wird eine Beziehung zwischen der Schülerin/dem Schüler und dem Text hergestellt, es werden Verstehensinseln gebildet und die Konzeptbildung gefördert. Das geht uns alle an und kommt uns allen zugute. (Berücksichtigen Sie auch hier, dass sich jede Leserin/jeder Leser auch hier ihre/seine Wirklichkeit konstruiert.)

Exkurs: Die Mediation

Die Mediation wird häufig als »Schlichtung« bezeichnet, was sie eigentlich nicht ist: Eine Schlichtung meint, dass (zwei) Konfliktparteien im Wesentlichen einen Kompromiss eingehen, so wie dies bei Tarifrunden zu beobachten ist. Die Mediation hingegen strebt eine Win-Win-Situation an: Es wird an den anderen abgegeben, was man selbst nicht unbedingt benötigt, was für den Konfliktpartner aber wichtig und/oder von Nutzen ist. Die Mediatorin/der Mediator versteht sich nicht als unparteiisch, also neutral, sondern als allparteilich, also den Parteien gleichermaßen zugewandt.

Eine Mediation gliedert sich in fünf Phasen und ist sowohl als Prozess wie auch auf die Form bezogen klar strukturiert. Eine fundierte Fortbildung zur Mediation ist unbedingt empfehlenswert, weil Sie Ihnen wertvolle Hilfen bieten kann. Allerdings ist die Mediation in der Regel freiwillig, und Sie sind hier in der Rolle der Prozessbegleiterin/des Prozessbegleiters, während Sie in Konfliktgesprächen Beteiligte(r) sind. Die Mediation kann Ihnen aber verdeutlichen, wie Sie einen Rollenwechsel vollziehen und Konfliktgespräche steuern können. Die schlechte Nachricht ist: Mediation lässt sich ohne Rollenspiele nicht erlernen, und die haben Sie schon immer gehasst.

Dies ist eine großartige Gelegenheit, den Nutzen von Rollenspielen zu erfahren! Ich muss zugeben, ich selbst habe sie auch nicht besonders gemocht; immer hatte ich das Gefühl, ich sei hier besonders exponiert oder es werde etwas von mir erwartet, das ich selbst gar nicht kenne. Erst meine Mediationsausbildung hat mir eine andere Haltung ermöglicht.

Übungen mit Rollenspielen zeigen Ihnen augenblicklich, an welcher Stelle die Kommunikation aus dem Ruder läuft oder der Vertrauensvorschuss verspielt ist. Und, was eine unschätzbare Hilfe ist, Ihr rollenspielendes Gegenüber kann Ihnen sagen, warum er oder sie sich in dem Augenblick zurückgezogen oder rebelliert hat.
Trauen Sie sich also, es wird Ihnen nützen! Wedeln Sie nicht nach dem Motto »Was soll der Kinderkram!« herablassend mit der Hand!
Aspekte der Mediation sind für eine Gesprächsführung von Nutzen:

- Es geht darum, eine Win-Win-Situation zu schaffen.
- Es geht um ein klar strukturiertes Verlaufsmodell.
- Es wird lösungsorientiert gearbeitet.
- Es wird eine bestimmte Gesprächshaltung entwickelt (unter anderem aktives Zuhören, Türöffner, Spiegeln – vgl. Anhang).
- Offene und geschlossene Fragen haben ihren jeweiligen Platz: Offene Fragen dienen der Problemerfassung und -beschreibung, geschlossene Fragen der Information und/oder der Erarbeitung von konkreten Lösungsvorschlägen.
- Es wird zum Konkretisieren veranlasst (W-Fragen).
- Es wird deutlich zwischen Sachverhalten/Inhalten und Gefühlen unterschieden.
- Es wird ebenso deutlich zwischen »Position« und «Bedürfnis« unterschieden: Die Position ist das, was nach außen vertreten wird, während das Bedürfnis dem entspricht, was die Person wirklich möchte. Dies ist meistens nicht deckungsgleich – es gilt, das Bedürfnis sichtbar zu machen und dafür eine Lösung zu finden.
- Lösungen sind realisierbar, konkret und überprüfbar.
- Es wird zwischen verschiedenen Konfliktkategorien unterschieden:
  - Sachverhaltskonflikte (z. B. verursacht durch einen Mangel an Information oder eine Fehlinformation)

- Interessenkonflikte (verursacht durch eine angenommene oder reale Konkurrenz)
- Strukturkonflikte (verursacht durch äußere Zwänge oder ein Machtungleichgewicht)
- Wertekonflikte (verursacht durch weltanschauliche Unterschiede)

Die beiden letztgenannten Konfliktkategorien sind diejenigen, die selten durch eine Mediation lösbar sind, weil sie Grundlegendes, z. B. gegebene Bedingungen (Vorgesetzte – Untergebener) oder das Werteverständnis der Parteien, betreffen.

Wenig erfolgreich sind nach meiner Erfahrung auch Mediationen zu Mobbing: Einerseits ist es nicht möglich, dass sich die Parteien in gleicher Stärke gegenübersitzen: Kennzeichnend für Mobbing ist ja, dass sich eine Person mehreren feindselig gesinnten anderen ausgeliefert sieht, sodass in der Mediation dann eine Person stellvertretend für eine Gruppe anwesend ist. Zudem ist es wirksamer, mit dem oder der Betroffenen zu arbeiten, als Haltungen und Einstellungen mehrerer Aggressoren zu modifizieren.

Es gibt verschiedene Programme, die auf Stärkung setzen und das Agieren statt des Reagierens fokussieren. So widmet sich das Zürcher Ressourcen Modell (ZRM) dem Aufbau von sogenannten Kontrollüberzeugungen und dem Kontrollerleben, verbunden mit Wohlgefühl – hier werden Ressourcen aus neurowissenschaftlicher Sicht definiert. Doch auch ein (begleitetes) Coolnesstraining oder Ähnliches kann hier hilfreich sein.

Gesprächsführung

Für jedes Konfliktgespräch ist es wichtig, sich Möglichkeiten und Grenzen der Gesprächsführung bewusst zu machen. Hinzu kommt, dass Sie grundsätzlich (lösungsorientiert) nach vorne schauen sollten – für eine professionelle Analyse der Ursachen und deren Interdependenzen sind wir in den meisten Fällen nicht hinreichend ausgebildet. Was Sie aber sehr wohl tun können, ist, die Position vom Bedürfnis zu trennen und davon ausgehend künftige Bedingungen zu gestalten, wie hier noch einmal am Beispiel von Mediation deutlich wird:

Probleme unter Kolleginnen: Frau Weiland ist völlig genervt von Frau Block: Immer muss diese ihr sagen, was sie zu tun hat, immer weiß sie alles besser. Frau Weiland macht deshalb einen Bogen um Frau Block, wo immer dies möglich ist, und antwortet in kürzestmöglicher Form. Am Ende hört sie auf, Frau Block zu grüßen. Frau Block ihrerseits fühlt sich abgelehnt und unhöflich behandelt, ohne dass sie eine Ursache dafür ausmachen kann. Im Verlauf einer Mediation wird erkennbar, dass Frau Weiland sich unterlegen fühlt, weil Frau Block relativ viel weiß und zudem gut mit Worten umgehen kann. Frau Block ihrerseits gehört zu den Menschen, die sagen, was sie denken, und meinen, was sie sagen, weshalb sie nicht begriffen hat, was hier interpretiert wird. Sie war sich weder geheimer Botschaften noch der Tatsache bewusst, dass ihre Aussagen zu ihrem eigenen Vorgehen und ihrem Verständnis von Unterricht andere in die Defensive drängen.

Es geht nicht darum, die ganze Problematik ans Licht zu zerren; ein signifikantes Stückchen ist völlig ausreichend: So können Lösungen gefunden werden.

Achten Sie darauf, dass Sie die Sachfrage deutlich von der Person trennen!

Wenn Sie feststellen, dass Sie im Verlauf eines Gespräches mit einer Schülerin oder einem Schüler das Problem nicht wirklich erkennen können, kann die sogenannte »Wunderfrage« aus der Systemik in entsprechenden Situationen weiterhelfen: »Wenn heute Nacht ein Wunder geschehen würde, woran würdest du das am Morgen merken?« Die Antwort hilft Ihnen, eine Vorstellung dazu zu entwickeln.

Gelegentlich ist auch nützlich, was in der Mediation als Blick zurück mit »Drehbuch umschreiben« bezeichnet wird: »Wenn du wieder in dieser Situation wärst: Was würdest du anders machen?« Hier bietet sich auch die Möglichkeit – wiederum in Anlehnung an die Mediation – der so genannten Entschuldung: »Das hast du nicht gewollt«, und damit ein unbelasteter Blick nach vorn. Sitzen Sie zwei Konfliktparteien gegenüber, sollten Sie unbedingt darauf achten, dass Sie sich nicht unbeabsichtigt einer mehr zuwenden als der anderen: Das gilt schon für Kleinigkeiten wie die Position Ihres Stuhls und setzt sich in beiläufigen Gesten, wie eine Hand (oder auch einen Fuß) in Richtung einer Partei auszustrecken, fort.

Leider neigen wir dazu, besonders wenn wir schon lange im Schuldienst sind, Anteile des Intervenierens und des Bewertens die Oberhand gewinnen zu lassen: Kaum eine Berufsgruppe ist zum Beispiel bei Handwerkern so unbeliebt wie unsere, und wenn Fremde Ihnen schon nach einem kurzen Gespräch sagen können, welchen Beruf Sie ausüben, dann wäre es an der Zeit, Ihr Berufs- und Rollenverständnis zu überdenken.

Aus diesem Grund sollten Sie im Auge behalten, dass Sie, wenn Sie informieren wollen, nicht versehentlich belehren: Der Grat ist sehr schmal – schon der Tonfall, die Verteilung der Redeanteile, die Menge an Information oder die Wortwahl können alles ins Wanken bringen. Wenn Sie ein Gespräch steuern wollen, sollten Sie die Gefahr der Manipulation bedenken (nicht allein, was Sie wollen, zählt hier) und darauf achten, dass Sie Ihrem Gegenüber nicht ganz nebenbei die Sache aus der Hand nehmen, obwohl Sie doch nur helfen wollten (»Ich mache das schon!«). Dennoch steuern Sie natürlich – und damit sind auch Aspekte des Leitens im Sinne von Strukturieren, Sammeln und Ordnen angesprochen.

Ein Gespräch, besonders ein Konfliktgespräch, ist ein fragiles Gebilde, das sich ständig verändert, wenn Sie nicht für Stabilität und Verlässlichkeit sorgen. Ihre Haltung soll und muss authentisch sein, und die (bei »Das Elterngespräch«) bereits genannten Rollenmerkmale tragen entscheidend zu einem positiven Verlauf bei.

Wenn es Ihnen in der entsprechenden Situation möglich ist, sollten Sie für ein »Machtgleichgewicht« sorgen: Was immer ein Ungleichgewicht verursachen mag, bedarf des Handelns, damit ein Gespräch überhaupt konstruktiv verlaufen kann.

Wenn Sie den Ballast nicht über Bord werfen können, sollten Sie ihn zumindest identifizieren, einordnen und transparent machen können. Der Gesprächsverlauf selbst folgt bestimmten Strukturen, z. B. diesen:

- Klärung des Gesprächsanlasses: Worum geht es, was kann das Ziel sein, eventuell noch: Wie viel Zeit wird veranschlagt? Klärung der Gesprächshaltung
- Problembeschreibung aus der einen Sicht
- Problembeschreibung aus der anderen Sicht

- Worüber gibt es einen Konsens, was muss geklärt werden, was kann vernachlässigt werden?
- Problemanalyse: Lassen sich mögliche Ursachen und/oder Muster erkennen und zuordnen?
- Welche Stärken/Ressourcen stehen dem gegenüber?
- Wer möchte welche Ziele in welchem Zeitraum umsetzen?
- Welche Lösungen sind ganz konkret bezogen auf das Problem und die Person denkbar? Welche davon sind realisierbar und überprüfbar?
- Soll weitergehende Hilfe in Anspruch genommen werden?
- Welche Vereinbarungen werden getroffen, wer übernimmt welche Anteile, wie lässt sich die Entwicklung (gemeinsam) begleiten?
- Schlusswort: positiver Ausblick

Haben Sie eine einvernehmliche Grundstimmung geschaffen, passiert es möglicherweise, dass Ihr Gegenüber Ihnen das Problem detailliert und mit zahlreichen Beispielen belegt schildert. Brechen Sie eine Problembeschreibung dennoch nicht zu früh ab: Es könnten sich noch weitere wichtige Informationen ergeben. Versuchen Sie stattdessen, mit W-Fragen (darunter auch: »Woran erkennen Sie das?«) zur Konkretisierung zu veranlassen. Wenn Sie sich der Problemvertiefung zu früh zuwenden, besteht die Gefahr, dass sich die Perspektive auf die Ursachen zu sehr verkürzt.

Bei einer Betrachtung der Umstände, die zu der aktuellen Situation geführt haben, können Sie berücksichtigen, dass jedes Verhalten den bereits erwähnten kontextuellen Nutzen für den oder die Betroffene(n) hat: Hier liegt der systemische Ansatzpunkt zur Klärung.

Teamarbeit und Projektmanagement

Der Begriff »Team« hat sich gewandelt, aber auch geschärft. Hier soll es nur darum gehen, Ihnen eine Vorstellung davon zu vermitteln, wie Teamarbeit und Projektmanagement zu verstehen und einzuordnen sind.

Seit etlichen Jahren werden Anleihen bei der Wirtschaft gemacht, und der Bereich Organisationsentwicklung insgesamt ist hier kennzeichnend. Dennoch ist vieles noch im Umbruch und wird von den bisher gängigen Mustern dominiert: Diskussionen sind in der Lehrerschaft sehr beliebt, aber auch genauso unproduktiv und unverbindlich. Eine Arbeitsgruppe, in der die Meinung Einzelner dominiert und die am Ende ein wenig konkretes Ergebnis vorlegt, hat mit Teamarbeit nichts zu tun. Hier wird viel »zerredet«, und einzelne Aspekte können in der Diskussion einen Stellenwert gewinnen, der bezogen auf das Ganze unangemessen hoch ist und die Perspektive verzerrt. Bestimmte Strukturen im Kollegium und in der Schulleitung können zudem dafür sorgen, dass eine echte Zusammenarbeit jenseits von Sympathie deutlich erschwert wird.

Für das Gelingen von Teamarbeit ist von großer Bedeutung, was die Schulleitung vorgibt, ob sie die Hindernisse erkennt und ob sie sie beiseiteräumt oder nur bunt anstreicht.

Schwierigkeiten in der Zusammenarbeit mit »Sie müssen ja nicht gleich heiraten« zu kommentieren ist wenig hilfreich und offenbart einen Mangel an Problembewusstsein. Zudem bedeutet Teamarbeit nicht, dass man sich gut versteht.

Es sollte (zeitökonomisch) um eine Moderation, um eine gleichmäßige Beteiligung aller und um Zielorientierung gehen. Ein gutes Team ist wie ein guter Chor: Es ist keine Einzelstimme herauszuhören, und der Klang ist gemeinsames Ziel und gemeinsames Ergebnis. Was Teamarbeit nicht sein soll, aber dennoch häufig zu finden ist:

- Man arbeitet aus unterschiedlichen, auch persönlichen Gründen, gerne zusammen.
- Die Sachorientierung steht nicht im Vordergrund.
- Es gibt Macher/innen und Mitmacher/innen.
- Im Schulleitungsteam wird getan, was die Schulleiterin oder der Schulleiter vorgibt.
- Es geht nicht um eigene Standpunkte, die eigene Information oder die eigene Reflexion.

Wie also entgehen Sie solchen Strukturen? Entscheidend für das Gelingen von Teamarbeit ist das gemeinsame Ziel. Auch sollte bei der

Zusammensetzung der Gruppe auf die Heterogenität der Mitglieder geachtet werden. Nicht gemeint sind hier allerdings strukturell bedingte Rollen wie z. B. die Fachbereichsleitung. Es geht um einen Querschnitt des Kollegiums und Menschen mit unterschiedlichen Stärken. Es ist unabdingbar, sich über zahlreiche Dinge im Klaren zu sein oder zu werden:

- Wie genau lautet der Auftrag an das Team? Wer hat ihn erteilt?
- Wer vertritt welche Interessen?
- Durch welche Faktoren wird die Erarbeitung/das Ziel beeinflusst?
- Wie hoch ist die Akzeptanz des zu erarbeitenden Ziels?
- Mit welchen Widerständen ist zu rechnen und wie lässt sich damit umgehen?
- Welche Ressourcen werden benötigt oder stehen zur Verfügung?
- Was wird sich wie in welchem Bereich auswirken?
- Wie ist der Zeitplan, und wann ist das Projekt beendet?
- Wer entscheidet über die Ergebnisse?
- In welcher Form gibt es ein Feedback und/oder (wie) soll evaluiert werden?

Modellhaft gilt für ein Team: Team = Gruppe + Aufgabe + gemeinsames Ziel + Zeit. Teamarbeit ist in diesem Sinn zeitlich terminiert (zur Entwicklung eines neuen oder zur Sicherung/Modifizierung eines bestehenden Projektes), und ein Team sollte in überschaubaren Abständen tagen.

Für die Entwicklung von Teamstrukturen ist das folgende Phasenmodell von einiger Bedeutung, meistens als »Team-Entwicklungsuhr« dargestellt:

- Orientierungsphase (Forming): Die Gruppe kommt zusammen, man versucht, etwas über die anderen und deren Haltung herauszufinden, man strebt nach Akzeptanz. In dieser Phase werden Informationen gesammelt, Ziele definiert und Methoden entwickelt.
- Kampfphase (Storming): Es bilden sich offen oder verdeckt Konflikte heraus und Statusfragen gewinnen an Bedeutung. Es geht

auch um Macht und Einfluss. In dieser Phase dominiert die Antihaltung: Widerstand gegen die Aufgabe, die Methoden, die Rahmenbedingungen wird formuliert; die Mitglieder postulieren »Entweder-oder-Aussagen«.

- Organisationsphase (Norming): In dieser Phase werden die Standpunkte geklärt und Alternativen gesucht. Das Einüben der Kooperation steht im Zentrum, und das Team grenzt sich nach außen ab.
- Integrationsphase (Performing): Ein Feedback wird selbstverständlich; das Team versteht sich als Einheit. Hier werden die Ressourcen der Mitglieder für alle nutzbar gemacht, es wird effizient und ganzheitlich geplant. Die Mitglieder eines Teams schätzen und achten einander und verhalten sich loyal.
- Auflösungsphase (Adjourning): Die Aufgabe ist abgeschlossen und die Beziehungen werden wieder gelockert.

Sie werden sich diesen Entwicklungsstrukturen (im Idealfall) mit der gleichen Regelmäßigkeit gegenübersehen, wie Sie feststellen werden, dass, je nach Dauer der Fahrt, zwischen dem dritten und dem fünften Tag einer Klassenfahrt die Hölle losbricht.

Es kann natürlich vorkommen, dass das Team in der ersten oder zweiten Phase stecken bleibt, sich auflöst oder Hilfe von außen in Anspruch nimmt. Es gibt zahlreiche Verfahren, um Teamstrukturen zu klären und eine sinnvolle Weiterarbeit zu ermöglichen. Auch die systemische Sicht auf die Gruppe entspricht dem genannten Modell.

Teamarbeit ist durch Einzelarbeit nicht zu ersetzen; gerade die unterschiedlichen Perspektiven und Fähigkeiten, eine klar geregelte Aufgabenverteilung und gemeinsame Lösungsstrategien bieten mehr als die Summe der Teammitglieder.

Eine für Teams typische Arbeitsstruktur ist das Projektmanagement. Mittels Projektmanagement werden die einzelnen Arbeitsschritte erfasst und konkretisiert. Ein Projekt ist durch eine zeitliche Befristung und durch seine Einmaligkeit gekennzeichnet, und das Verfahren des Projektmanagements bietet sich an, wenn die Aufgabe komplex ist und aus mehreren Teilaufgaben besteht, die einander bedingen.

Alle eingangs gestellten Fragen sind genau zu klären: Der Projektgegenstand muss vollständig dargestellt werden, die Struktur der Aufgabe soll erkennbar sein und alle damit verbundenen Teilaufgaben müssen vollständig erfasst werden, als Übersicht z. B. mithilfe eines Organigramms: Die Zuständigkeiten für die so ermittelten sogenannten »Arbeitspakete« werden geklärt und anhand eines Zeitstrahls kann ein Fahrplan erstellt werden. Jedes »Arbeitspaket« für sich muss wiederum umfassend, detailliert und vor allem konkret dargestellt werden.

Dies ist die entscheidende Arbeitsphase; die Projektdurchführung ist »nur« noch die Umsetzung der vorangegangenen Planung. Sie werden während Ihrer Ausbildung gelegentlich mit Projektarbeit zu tun haben: Hier können Sie ausprobieren und überprüfen, wie Sie in der Praxis am besten verfahren.

Doch auch wenn Sie für sich alleine arbeiten, lassen sich Strukturierungshilfen aus diesem Bereich anwenden. Es gibt inzwischen etliche Akronyme, die sich auf die Konkretisierung von Arbeitsschritten und der jeweiligen Ziele beziehen, z. B. dieses hier. Es verlangt von Ihrer möglichen Zielvorstellung,

- **s**pezifisch
- **m**essbar
- **a**kzeptiert
- **r**ealistisch
- **t**erminiert

zu sein. Überlegen Sie sich Gründe, warum Sie gerade dieses Ziel verfolgen, und entwickeln Sie Möglichkeiten, wie Sie dies erreichen können.

Ein weiteres Akronym für die Teamarbeit ist die sogenannte SPOT-Analyse aus der Systemik (es gibt noch andere Bezeichnungen, die aber im Wesentlichen das Gleiche meinen); ein gemeinsames Bearbeiten dieser Felder klärt Strukturen und auch Beziehungen:

Satisfactions	**Problems**
Was läuft gut, was haben wir erreicht? (Sichtung der Stärken und Ergebnisse)	Was stört, was fällt uns schwer? (Innerhalb und außerhalb der Gruppe)
Opportunities	**Threats**
Was können wir noch besser nutzen, welche Ressourcen haben wir?	Was macht uns Sorgen, was könnte schlimmstenfalls passieren?

Hilfe und Unterstützung

Möglichkeiten der Rückmeldung

Wir alle brauchen mindestens eine Person, die uns mit Rat und Tat zur Seite steht; wir benötigen den Austausch, die gemeinsame Reflexion, die Bestärkung oder die Alternative. Bilden Sie Netzwerke für eine wirksame Feedback-Kultur! Das können Menschen aus Ihrem Kollegium sein, das können aber auch solche sein, die Sie aus anderen schulischen Zusammenhängen kennen: Wichtig ist, dass Sie einen regelmäßigen Austausch pflegen, der in Ihrem Terminkalender einen festen Platz hat und behält.

Wenn Sie beispielsweise in der Situation sind, für Ihre Arbeit (zu) wenig Anerkennung oder Wertschätzung zu erfahren, haben Sie mit Ihrem Netzwerk eine Quelle von unschätzbarem Wert für Sie selbst. Sie alle können sich darüber hinaus als eine Art Ideenbörse betrachten, Unterrichtserfahrungen weitergeben und Informationen über Literatur und Fortbildungen austauschen. Hier lassen sich auch verschiedene Formen des Coachings ausprobieren. Opfern Sie diesen Termin nicht zugunsten von scheinbar dringenderen, verlegen Sie den kollegialen Austausch nicht auf Feste und Feten, wo Lehrerinnen und Lehrer häufig dadurch auffallen, dass es für sie kein anderes Gesprächsthema als Schule zu geben scheint.

Für Probleme, die die Regeln des Miteinanders betreffen, oder solche, die Sie von der jeweiligen Leitung verursacht sehen, gibt es die entsprechenden institutionalisierten Gremien. Die Vorstellung von deren Aufgaben scheint allerdings einem zunehmenden Bedeutungswandel zu unterliegen: Wenn Personal- oder Lehrerräte ihre Pflicht vornehmlich darin sehen, für Jubiläen Blumensträuße zu besorgen oder Kollegiumsfeiern zu organisieren, entfernen sie sich von dem, was ihre eigentlichen Aufgaben wären. Wenn noch dazu die Kenntnisse des jeweiligen Personalvertretungsgesetzes gering sind oder ein Personalrat z. B. die Anzahl der jeweiligen Pflichtstunden nicht kennt, sollten Sie sich genau überlegen, was Ihr Bedürfnis ist: Wenn es Ihnen genügt, dass ihr Anliegen wahrgenommen wird oder dass Sie eine verbale Bestätigung/Unterstützung erfahren, haben Sie kein Problem. Sollte es aber Ihr Wunsch sein, dass Ihr Anliegen weiterverfolgt wird und Ihre Interessen vertreten werden, sollten Sie sich entsprechend kundig machen.

Möglicherweise täten Sie in einem solchen Fall besser daran, auf Ihr hoffentlich vorhandenes Netzwerk zurückzugreifen. Supervision (bzw. Intervision) hat für viele Kolleginnen und Kollegen eine negative Konnotation, die damit zusammenhängen mag, dass sie ihre Autonomie infrage gestellt sehen und sie sich nicht in einer vermeintlich komplementären Rolle wiederfinden möchten. Lassen Sie sich davon nicht anfechten, schauen Sie lieber, dass Sie Mitstreiterinnen und Mitstreiter für eine Gruppensupervision gewinnen. Sie kann ausgesprochen hilfreich sein! Gelegentlich wird auch mit Aufstellungen gearbeitet, die Ihnen ermöglichen zu erkennen, warum jemand wie handelt. Auch das entlastet!

Sie könnten auch nach Unterstützung für eine kollegiale Beratung suchen, sie dient ebenfalls Ihrer Entlastung und klärt Zusammenhänge. Werben Sie dafür, selbst wenn es zunächst Mühe macht! Vor allem männliche Kollegen haben die Tendenz, Dinge wegzuschieben bzw. sich vorsichtshalber nicht darauf einzulassen: »Wozu? Das brauche ich nicht!« Das mag wahr sein oder auch nicht. Sie könnten aber zumindest in Erwägung ziehen, Dinge auszuprobieren und erst dann zu entscheiden – damit hätten Sie Ihr Repertoire an Möglichkeiten erhöht.

Exkurs: Die kollegiale Fallberatung

Die kollegiale Beratung ist – ähnlich wie die Mediation – klar strukturiert und keineswegs als »Ich sag' dir mal, was du machen kannst« misszuverstehen. Es gibt ganz unterschiedliche Modelle; eines davon sei hier in Kürze vorgestellt:

- Das Team besteht aus einer/einem »Fallgeber/in (FG)«, mehreren Berater/innen und mindestens zwei Beobachter/innen.

- Es wird ein Stuhlkreis gebildet; die Beobachter/innen sitzen außerhalb davon. Der FG kann sich zuvor Notizen zu seinem Konflikt machen; erst dann beginnt die Beratung:
- Der FG schildert die Situation und verlässt dann den Stuhlkreis.
- Die Berater/innen tauschen sich aus: Was haben sie verstanden, was assoziieren sie mit dem Gehörten, welche Emotionen löst es aus, welche Ideen oder Mutmaßungen stellen sich ein (ohne Wertung!), was bleibt an Fragen offen? Letztere werden von der/dem FG notiert.
- Die Fragen der Berater/innen werden beantwortet; es findet kein Austausch statt.
- Die Berater/innen setzen ihre Beratung fort, diesmal mit Vorschlägen für den FG.
- Erst jetzt kehrt die/der Fallgeber/in in den Stuhlkreis zurück und gibt Rückmeldungen, auch bezogen darauf, wie die Beratung erlebt wurde und was der Gewinn ist.
- Alle Beteiligten gemeinsam reflektieren den Beratungsprozess.
- Die Beobachter/innen geben ein Feedback darüber, wie sie den Prozess, die Beziehungen untereinander, die Kommunikation und anderes erlebt haben.
- Ausblick: Es wird überlegt, ob eine Vertiefung (an einem weiteren Termin) erforderlich ist, ob Fragen offen geblieben sind ...

Die Beratung folgt einem strikten Zeitplan, und an Kommunikation findet nur das statt, was Teil der jeweiligen Phase ist. Es wird unter keinen Umständen nach Beendigung der Beratung weiterdiskutiert nach dem Motto »Was mir noch aufgefallen ist…«, und das hat auch seinen Sinn: Ohne ein festgelegtes Raster, einen Rahmen wächst erstens die Gefahr von Beliebigkeit und verwischen zweitens die Konturen der Rollen; der Berater soll hier nicht der Kollege Mayer sein, der im Lehrerzimmer auf dem Platz nebenan sitzt.

Sie und Ihr Unterricht

Nehmen Sie auch, ohne zu zögern, die Hilfe des jeweiligen Schulpsychologischen Dienstes in Anspruch, wenn Sie sich durch das Verhalten eines einzelnen Schülers überfordert fühlen. Es wird Ihnen gelegentlich passieren, dass Sie zwar erkennen, was vor sich geht – möglicherweise sogar, warum dies so ist –, dass Sie aber dennoch nicht wissen, wie Sie damit im Sinne einer Problemlösung umgehen können. Hier können Sie sich beraten lassen.

Fühlen Sie sich überhaupt im Unterricht unsicher oder wollen Sie überprüfen, wie Ihr Verhalten, Ihre Stimme, Ihre Körpersprache wirken, sollten Sie zur Kamera greifen: Zeichnen Sie eine Stunde auf und werten Sie sie anschließend – alleine oder mit Unterstützung – aus: Das, was Sie hier anhand der Aufzeichnung über sich erfahren, ist wertvoller als alles, was andere Ihnen sagen können. (Auch für uns gilt, dass wir eher aus Erfahrung als aus Unterweisung lernen!) Seien Sie aber auch hier geduldig mit sich selbst; planen Sie die Umsetzung Ihrer Schlussfolgerungen in einer Weise und in einer Dosierung, die Sie auch bewältigen können.

Sie sollten sich außerdem Ihrer Stimme widmen: Wenn Sie Mitglied eines Chores sind, wissen Sie, wovon ich spreche. Wenn Sie eine ungeübte Stimme haben, die Sie dadurch belasten, dass Sie über einen längeren Zeitraum laut und viel sprechen, werden Sie das merken, und möglicherweise sind Salbeibonbons irgendwann keine Lösung mehr.

Machen Sie ein Stimmtraining: Wenn Sie wissen, wie Sie atmen und wohin Sie Ihre Stimme führen müssen (nämlich über den Gaumen nach vorn), wird Ihnen das Sprechen deutlich leichter fallen. »Stimmbildung« wird auch häufig an den VHS oder von Ihrer Interessenvertretung, gelegentlich auch an Hochschulen angeboten. Nehmen Sie ein solches Angebot wahr – wenn Sie nicht stattdessen doch lieber in einem Chor singen wollen.

Schützen und schonen Sie auch Ihren Rücken! Machen Sie bei der Arbeit am Schreibtisch genügend Pausen, achten Sie auf eine angemessene Sitzgelegenheit und entsorgen Sie Ihre Schultasche, wenn sie das Format eines Reisekoffers hat. Es gibt hier genügend andere Möglichkeiten.

Was noch zu sagen bleibt

Am Anfang habe ich behauptet, dass es Ihnen möglich sein wird, den zahlreichen Neuerungen Positives abzugewinnen. Ich habe allerdings auch gesagt, dass Sie sich mit ihnen vertraut machen sollten – angemessen handeln zu können setzt voraus, dass die Sachlage bekannt ist. Wie Konfetti fallen Begriffe aus dem KMK-Himmel, und indem sie oft genug genannt, sozusagen als Vokabel eingeschliffen werden, gelten sie als bekannt, obwohl es die Inhalte, die sich dahinter verbergen, oft genug nicht sind. Auch erfordern etliche davon, nicht gelernt, sondern erfahren zu werden. Der Sprachgebrauch mancher Funktionsträger macht dies deutlich: Da wird »gespiegelt«, indem die eigene Meinung geäußert wird; da ist von »man and womanpower« die Rede; es wird von »Systemik« gesprochen, wenn »systemintern« gemeint ist etc.

Mir verursacht die Allgegenwart des Wortes »Prozess« auf der Ebene der Bildungsverwaltung ein leichtes Unbehagen und führt zu der bangen Frage, wer denn da am Steuer sitzt – ich habe gelegentlich den Eindruck, alle Prozesse steuerten sich selbst und folglich sei niemand verantwortlich. Ähnliches Unbehagen löst das Ziel der selbstständigen Schule aus: eine großartige Idee, wenn kompetente und integre Persönlichkeiten mit Führungsqualitäten an der Spitze stehen – aber wer kann das garantieren? Wohin steuert das Schiff, wenn die Galionsfiguren Machtgier, Eitelkeit oder schlicht Unfähigkeit heißen, und wie können Rettungsmaßnahmen aussehen?

Auch hebt natürlich die Frage, ob und inwiefern Bildung standardisierbar sei, ihr Medusenhaupt, ist aber in diesem Kontext zunächst irrelevant. Dennoch: Bildung ist natürlich mehr als Kompetenzen.

Machen Sie sich also vertraut. Sie werden vermutlich nicht zu der Ansicht gelangen, dass angesichts einer in mancher Hinsicht zunehmenden Individualisierung als gesellschaftlichen Phänomens *ein* Unterricht für alle die beste Antwort sei; dass angesichts der Bedeutung von Vorwissen und der Tatsache, dass der »Lernertrag« häufig in keinem Verhältnis zum Lernaufwand steht, die Prozessorientierung *keine* Schlüsselrolle einnehmen sollte; dass die Befähigung der Schülerinnen und Schüler zu Selbstevaluation *nicht* für ihr jetziges und künftiges Leben von Bedeutung sei.

Wo sich für Sie ein Zweifel ergibt, muss er nicht unbedingt die Sache insgesamt in Makulatur verwandeln. Es macht natürlich einen Unterschied, ob Sie die Persönlichkeitsentwicklung Ihrer Schülerinnen und Schüler fördern wollen, z. B. aus der Tradition der TZI, oder deren Funktionalität für den Arbeitsmarkt im Blick haben, aber es gibt eine hinreichend große Schnittmenge. (Hier bleibt leider eine Lücke: Kompetenzorientierung bedeutet in gewisser Weise eine Abkehr von den »personalen« [=sozialen] Kompetenzen: Sie machen nur noch einen relativ kleinen Anteil in der Beurteilung aus – was ja aber nicht bedeutet, dass Sie sie nicht fördern dürfen bzw. sollen.)

Für uns als Lehrende ist die scheinbar so sachlich daherkommende Orientierung am »Output« nicht ganz unproblematisch, weil sie den Fokus unserer Tätigkeit deutlich verschiebt, vielleicht sogar auf die Verwertbarkeit reduziert: Es zählt nicht mehr, was Sie unternommen haben, um etwas zu erreichen bzw. zu fördern, sondern das, was dabei herausgekommen ist, und zwar in Ihrer Verantwortung. Auch sorgt die Terminologie für Assoziationen, die sich mit Beziehungsarbeit nicht vereinbaren lassen.

Der in diesem Zusammenhang ebenfalls verwendete Begriff der Performanz stammt ursprünglich aus der Linguistik und ist deutlich überzeugender: Wie zeigt sich, was die Schülerinnen und Schüler gelernt haben? (Auch hier werden Sie allerdings nicht von Ihrer Verantwortung entbunden.) Befassen Sie sich also mit dem, was Veränderungen beinhalten und was sie bewirken, und entwickeln Sie eine, d. h. *Ihre* Haltung dazu.

Sollten Sie Ihre Ausbildung beendet haben: Suchen Sie sich gezielt Schulen danach aus, ob Sie Ihre pädagogische Ausrichtung, Ihr Interesse hier wiederfinden – Ihr Wohnort sollte an dieser Stelle von untergeordneter Bedeutung sein. Achten Sie auf das, was tatsächlich praktiziert und gelebt wird, und weniger auf das, was Sie im Schulprogramm finden: Wenn da z. B. steht, es würde Lions-Quest gepflegt, die Praxis aber ein lapidares »Fragen Sie Herrn X« bedeutet, besagt dies etwas ganz anderes als das, was intendiert ist.

Oder wenn sich die pädagogische Arbeit der zuständigen Schulleitungsmitglieder in der Außendarstellung und in Telefonaten mit Ämtern erschöpft, kann vor Ort, d. h. in den betroffenen Klassen und den entsprechenden Klassenkonferenzen, nicht die Arbeit geleistet werden, die möglich und nötig wäre, und die Klassenleitungen erfahren darüber hinaus keine Unterstützung.

Sie werden vielleicht einwenden, dass Sie nicht in der Situation sind, etwas auszuwählen, sondern dass Sie bestenfalls ausgewählt werden. Das ist zwar richtig; wenn Sie aber einen Gesprächstermin mit der Schulleiterin oder dem Schulleiter vereinbaren und sie oder er angesichts Ihrer Vorarbeit nur zu dem Schluss gelangen kann, dass Sie zu dieser Schule passen, sind Sie Ihrem Ziel schon recht nahe.

Wenn Sie Visionen entwickeln wollen, wäre es eine gute Idee, Schulen virtuell oder real zu besuchen und sich mit deren Konzepten vertraut zu machen. Es scheint doch ein bemerkenswerter Zufall zu sein, dass Kollegien von Schulen, die durch ihre Erfolge bekannt werden, zu geringeren Teilen von Burn-out und Ähnlichem betroffen sind. Die mit dem Deutschen Schulpreis ausgezeichnete Grundschule Kleine Kielstraße in Dortmund hat z. B. einen Anteil von 83 Prozent an Kindern, deren erste Sprache nicht Deutsch ist, und dennoch sehr gute Ergebnisse und ein zufriedenes Kollegium vorzuweisen – wie geht das? Wie ist es möglich, dass eine vom schwedischen Staat eingerichtete Schule zur Förderung der Leistung schwacher Schülerinnen und Schüler durch ein Kollegium, das »Förderung« als seine kollektive Aufgabe betrachtet, tatsächlich eine signifikante Leistungsverbesserung erreicht? Wie lassen sich die Erfolge der Helene-Lange-Schule in Wiesbaden, ebenfalls mit dem Deutschen Schulpreis ausgezeichnet, und anderer Schulen erklären?

Das lässt doch kaum einen anderen Schluss zu als den, dass gute Schule möglich ist und etwas bewirken kann – und dass die Regelschule hinter ihren Möglichkeiten zurückbleibt. Schule kann ein wunderbarer Ort sein – helfen Sie mit, ihn zu gestalten!

Danksagung

Ich möchte mich gerne bei denjenigen bedanken, die mich mit kritisch-unterstützendem Blick begleitet haben: Bei Angelika Czernik vom Staatlichen Schulamt für den Kreis Hersfeld-Rotenburg und den Werra-Meißner-Kreis für den motivierenden Blick, bei Gunter Ebert, Fachberater für das Fach Deutsch beim Staatlichen Schulamt in Weilburg, für den strengen Blick, bei Kathrin Kurzenknabe, LiV in Hessisch Lichtenau, für den adressatenbezogenen Blick und bei Erdmann Linde, ehemaliger Leiter des WDR-Landesstudios in Dortmund, für den journalistischen Blick, aber auch für die Leitungssicht und für seine väterliche Ermutigung. Danke!

Anhang

Beratungskompetenz Konfliktgespräche: Beispiele für Türöffner und offene Fragen

- »Ich habe ein Problem und ich hoffe, dass wir es gemeinsam lösen können.«
- »Es gibt eine Situation, bei der ich Ihre Hilfe brauche.«
- »Ich verstehe … nicht (richtig). Können Sie mir helfen (es zu erklären)?«
- »… scheint in der Schule unglücklich zu sein/sich nicht wohlzufühlen. Können Sie mir helfen herauszufinden, warum das so ist?«
- »Gemeinsam finden wir sicher einen Weg, der ihm/ihr hilft.«
- »Für mich stellt sich die Situation so dar. Wie ist es bei Ihnen?«
- »Was bedeutet … für Sie?«
- »Woran erkennen Sie das?«
- »Ich kann es mir noch nicht so richtig vorstellen …«
- »Wie geht es Ihnen damit?«
- »Erklären Sie mir noch einmal, wie die Situation ist/war?«
- »Möchten Sie mir (mehr) davon erzählen?«
- »Möchten Sie mir von Ihrem Ärger erzählen/was Sie daran verärgert hat?«
- »Was ist das Wichtigste für Sie?«
- »Sie können ruhig von … sprechen. Unser Gespräch ist ja vertraulich.«

Beispiele für das Spiegeln

- »Meinen/Glauben Sie, dass …«
- »Habe ich Sie richtig verstanden? Sie …«
- »Sie wirken sehr verärgert/bekümmert …«
- »Ich könnte mir vorstellen, dass Sie …«
- »Ich habe den Eindruck, dass …«
- »Könnte es sein, dass …«
- »Sie glauben (vielleicht), dass …/Sie denken vielleicht, dass …«

Das Spiegeln kann sich auf unterschiedliche Ebenen beziehen:

a) Inhalte spiegeln
b) Gefühle spiegeln
c) Inhalte und Gefühle spiegeln (sinngemäß, mit eigenen Worten)

Unterrichtsverläufe

Erkenntnisse der Neurowissenschaften: Begabung und Motivation zusammen wiegen so viel wie das Vorwissen.

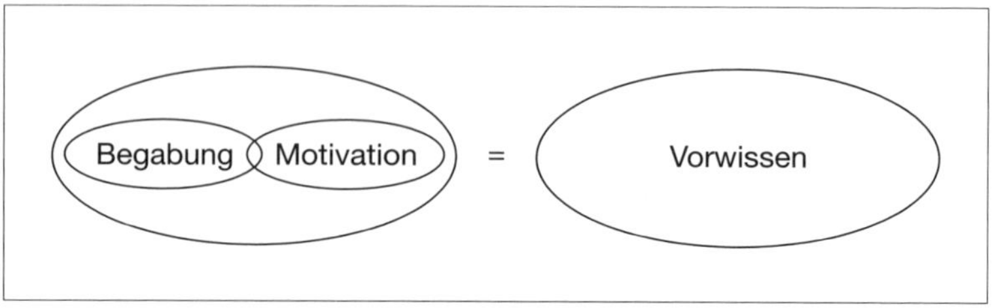

Sie sind verantwortlich für die Lernkultur: Sie sorgen für eine anregende Lernumgebung, für ganzheitliche Lernimpulse, für persönlich bedeutsame Lerninhalte bzw. den Lehrervortrag. Sie geben Raum für unterschiedliche Rhythmen, das Entdecken, die Selbsttätigkeit und den Austausch – mit anderen Worten, Sie schaffen die Voraussetzungen, die Lernbedingungen.

Vor diesem Hintergrund geht es um die alleingemeinsame Verantwortung von

Prozessorientierung

- Anbahnung und Vertiefung kooperativer Lernformen
- Anbahnung und Vertiefung eigenverantwortlichen Lernens

Metaebene

- Reflexion (→ Tiefenstruktur)
- Verstehensinseln und Ankerplätze (→ Wo stehe ich?)

Kompetenzorientierung

- Entwickung und Anwendung von Lernstrategien
- Transparenz → Anforderungen, angestrebte Kompetenzen
- Entwicklung von Lösungsstrategien; Eigenevaluation

Literatur

Die Literatur zu jedem einzelnen Stichwort ist so umfangreich, dass ich mich bei den Empfehlungen zur weiterführenden Literatur nur auf einige wenige Angaben beschränken möchte, die Ihren Schulalltag besonders in den Mittelpunkt rücken, wobei sich allerdings der erste Titel auf Sie als Menschen bezieht.

Zur Auseinandersetzung mit der Genese der eigenen Ängste:

Riemann, F. (1976): Grundformen der Angst. München: Reinhardt.

Zur Förderung der Sozialkompetenz mit jüngeren Lerngruppen:

Portmann, R. (1988): Spiele, die stark machen. München: Don Bosco.

Für das vertiefende Arbeiten mit Gruppen der Sekundarstufe I, Einführung in die Mediation bzw. Streitschlichtung:

Faller, K./Kerntke, W./Wackmann, M. (1996): Konflikte selber lösen. Mülheim: Verlag an der Ruhr.

Für Ihre eigene vertiefende Sicht auf Beziehungen und Verhandlungen, zunächst außerschulisch:

Fisher, R./Ury, W./Patton, B. (^{22}2009): Das Harvard-Konzept. Der Klassiker der Vehandlungstechnik. Frankfurt a.M.: Campus.

Für Kenntnisse der Mediation:

Besemer, C. (^{8}2001): Mediation – Vermittlung in Konflikten. Freiburg: Gewaltfrei leben lernen.

Für einen systemischen Blick auf Schule im Sinne von Rollenklärung, Leiten und Lehren mit Hilfen für die Praxis:

Renolder, C./Scala, E./Rabenstein, R. (2007): einfach systemisch! Münster: Ökotopia.

Zum Erkennen und Fördern von kognitiven Strukturen bei Schülerinnen und Schülern, die Gefahr laufen, durchs Netz zu fallen:

Garner, B. (2009): Ich hab's! Weinheim: Beltz.

Zur Entwicklung von Beratungskompetenz; zum Kennenlernen verschiedener Ansätze in unterschiedlichen Beratungszusammenhängen:

Schnebel, S. (2007): Professionell beraten. Weinheim: Beltz.

Zur Bewertung in unterschiedlichen Lernarrangements, auch Portfolioarbeit, mit Hilfen für die Anwendung:

Bohl, T. (2004): Prüfen und Bewerten im offenen Unterricht. Weinheim: Beltz.

Das Unterrichtskonzept SOL (Selbst organisiertes Lernen) besteht aus einem Theorieband und zwei Praxisbänden, die nach Fächern geordnet sind und Beispiele für Unterrichtseinheiten beeinhalten:

Herold, M./Landherr, B. (2003): SOL – Selbst organisiertes Lernen. Baltmannsweiler: Schneider Verlag Hohengehren.

Herold, M./Landherr, B. (Hrsg.) (2005): SOL – Selbst organisiertes Lernen. Praxisband 1. Baltmannsweiler: Schneider Verlag Hohengehren.

Herold, M./ Landherr, B. (Hrsg.) (2005): SOL – Selbst organisiertes Lernen. Praxisband 2. Baltmannsweiler: Schneider Verlag Hohengehren.

Was ein Team ausmacht, Hilfen für die Teamarbeit, förderliche bzw. hinderliche Strukturen und Hilfe von außen:

Philipp, E. (1996): Teamentwicklung in der Schule. Weinheim: Beltz.

Hilfen im Verordnungsdschungel:

Hoegg, G. (2008): SchulRecht. Aus der Praxis – für die Praxis. Weinheim: Beltz.

Was Sie im Alltag entlastet:

Schaarschmidt, U./Kieschke, U. (Hrsg.) (2008): Gerüstet für den Schulalltag. Weinheim: Beltz.

Was Sie im Alltag krank macht (Internetversion):

Schaarschmidt, U./Arold, H./Kieschke, U.: Die Bewältigung psychischer Anforderungen durch Lehrkräfte. www.psych.uni-potsdam.de (Abruf am 25.03.08).

Was pädagogisches Denken, Fühlen und Handeln ausmacht – der zweite Band der Autobiografie von Hartmut von Hentig:

Hentig, H. v. (2007): Mein Leben – bedacht und bejaht. Schule, Polis, Gartenhaus. München: Hanser.

Diese Filme sind sehenswert (und Ihnen vermutlich deshalb bereits bekannt):

Reinhard Kahl: »Treibhäuser der Zukunft« weckt Visionen.

Thomas Grube und Enrique Sánchez Lansch: »Rhythm is it!« zeigt, was ein Projekt bedeuten und bewirken kann.

Laurent Cantet: »Die Klasse« macht das Beziehungsgeflecht (im Unterricht) in einem sozialen Brennpunkt deutlich.